田中正造

田中正造

・人と思想

布川 清司 著

50

CenturyBooks 清水書院

はじめに

田中正造《たなかしょうぞう》は私にとってずい分以前から気になる人物であった。当初、私の関心はつぎの三点にあった。第一は、田中正造の思想を研究することによって、明治時代に生きた一人の日本人の倫理思想が究明できるであろうということ、第二は、田中正造の厖大《ぼうだい》な書き残したものから、明治時代に生きた民衆の倫理思想が取り出せるのではないかということ、第三は、田中正造の苦渋にみちた生涯を通して、民衆運動の指導者としてのあるべき姿（指導者の倫理）がみえてくるのではないかということであった。いってみれば、田中正造を素材として、明治時代の日本人の倫理思想を研究しようという狙《ねら》いだった。

ところで、由井正臣《ゆいまさおみ》氏によれば、田中正造に対する関心には、三つの山がみられるという。第一は、明治三四（一九〇一）年の直訴《じきそ》の時期であり、第二は、没後の大正初期から昭和初期にかけてであり、第三は、戦後、ことに昭和四〇年代後半から現在（平成二年）の時期までだという（『田中正造―民衆からみた近代史―』、NHK市民大学、一九九〇年一～三月期）。

第一の時期、人びとが注目したのは、田中正造が一身の犠牲をも省りみず、明治天皇に直訴した義人としての側面である。第二の時期には、義人としてのイメージを基本におきながら、直訴以降の谷中村における正造の行動と精神的昇華に関心が寄せられた。第三の時期は、一九六〇年代（昭和三五〜四四年）、戦後民主主義の危機が叫ばれるなかで、草の根民主主義の原点として、また高度経済成長の結果、噴出した公害問題の原点として、正造の指導者としての行動と思想が人びとの関心をよんだのである。

　私の田中正造に対する関心はさきにのべたように、正造個人に対するというより、民衆倫理思想の研究者として、明治時代の日本人の民衆倫理思想を研究する格好の一素材として注目をひいたのである。そのために既述の三つの研究関心とそのまま合致することはないが、第一の義人としての側面は、それまで研究してきた近世の百姓一揆との関連で興味はあり、第二、第三の関心は、民衆運動の指導者論との関連で私にも重要なテーマであった。

　さて、鹿野《かの》政直《まさなお》氏によれば、田中正造の人物規定はおよそ四つの型に分けられるという（「近年の田中正造研究とその意味」『田中正造と足尾鉱毒事件研究三』一九八〇年）。最初のタイプは、義人（運動家ではあっても思想家ではない古い型の義人）という規定で、さきに紹介した第一、第二の時期に一般的だった。あとの三つは戦後に現れたものだが、そのひとつは、田村《たむら》紀雄《のりお》氏の正造を名主《なぬし》的請負人と規定するもの。正造の活躍を江戸時代の名主が村人のために身体をはって問題の解決に当たったのと似ていると考えるところからきている。ふたつめは、東海林《しょうじ》吉郎《きちろう》氏がいう機略縦横の戦略家とする規定である。正造は従来、ややもすると「山師」だとか「奇人」だとかいわれて軽蔑されたり、粗放な人物とみられたりした。しかしかれをよく知る人はいずれも、正造を表面上粗放にみえるが実は綿密な人であったと証言しているので、この人物規定も可能である。最後に鹿野氏は自らも、田中正造を「人民の生存権をもっとも根底にすえた思想家」と規定した。安在邦夫《あんざいくにお》氏はそれを「民主主義思想家・人権擁護者」にいいかえて、それが現在ほぼ確立していると結論した。

私は義人規定のうち、村人の生活のために生命を投げ出す義民としての側面は、名主に特有な性格であり、その際、その人物は目的達成のために戦略を縦横にめぐらしたはずなので、田中正造の人物像としては、義人、名主的請負人、機略縦横の戦略家の三要素を総合する必要があると考える。結局、私も安在氏の結論に賛成なのだが、田中正造の行動力をつけ加えて、「実践的民主主義思想家・人権擁護者」と規定したらどうかと思う。

さらに研究方法でいえば、田中正造を中心にすえた研究と、足尾《あしお》鉱毒事件という民衆運動のなかで正造をとらえる研究の二方法がある。前者は従来から長くとられてきた方法であり、後者は、それに反発して、戦後、田村紀雄氏が主唱する方法である。この方法上からくる対立は、たとえば、昭和五六（一九八一）年の長野精一氏『怒濤と深淵（四一・二頁）』（法律文化社）で気付かれており、現在もなおつづいているように思われる。

ともあれ今度初めて『田中正造全集』に収められた田中正造の厖大《ぼうだい》な文書のすべてに目を通して

みて、読むだけでも疲れる大変な分量の記録を、あの超人的な忙しさのなかで、しかも矢立ての筆でしたためつづけたその精進ぶりに、まず敬服しないではおれなかった。ついで記録のすべてにみなぎる正造の真剣さと人間性に文字通り圧倒された。とくに、これまで私がもっとも関心をもって発見に努めてきた近世民衆の不服従の精神が、近世の場合と同じく、倫理という形で立派に田中正造のなかに継承されていることを知って感動した。より正確にいえば、田中正造だけでなく、足尾銅山の鉱毒に苦しめられた多くの民衆にもそれがみなぎっていることを発見した。こうして私の田中正造研究は、当初の明治時代人の倫理思想を研究する材料としてという消極的な関心から、田中正造の思想自体への興味やそれを現代にいかす必要性への開眼といった積極的な関心へと変わったのである。

その結果が本書であるが、本書ではその内容を大きく第一編と第二編に分け、第一編では、田中正造の生涯を、その思想の展開にそって編年順にとりあげ、第二編では、正造の思想の基幹部分と私の考えるかれの政治倫理思想をとり出し、正造の思想にみられる近世的部分と近代的部分とを腑《ふ》分《わ》けしてみた。なお、本書では、田中正造の思想を、とくにその自力性と他力性の視点から問題にしてみた。その当否は別にして、新しい思想的分析軸の提示になったのではないかと思う。本書が、すでに公刊されている多くの田中正造研究になにをつけ加えることができるか心許ないが、さきの分析軸と倫理思想からの分析（とくに不服従の倫理の主張）、直訴に関する新解釈、関宿石堤の写真や近世民衆倫理思想との関連の点でいささか特色が出せたのでないかと考えている。

執筆にあたっては、田中正造の思想にふれてもらいたいために、正造の文章をなるべく多く引用した。ただ、啓蒙書の性格上、読み下し文にしたり、難解な漢字や旧かなづかいを改めたり、原文の片仮名を平仮名に直したりした。また、『田中正造全集』からの引用は、巻数、頁数を省略した。同じ理由から、多くの先学の業績を参考にしたが、特別な場合以外は、いちいち注記せず、主な文献についてのみ巻末にまとめて掲載した。なお、本書第一編（とくに第I・II章）は、由井正臣氏『田中正造』（NHK市民大学）を参考にすることが多かった。また本書中の多くの写真は佐野市郷土博物館をはじめ、小口ハツ氏など関係各位のご好意によって掲載のご許可をいただいたものである。記して感謝申し上げたい。

目次

はじめに……三

第一編

I 思想の醸成期 ——自力と他力——……一三

一 幼少時……一三

二 六角家騒動……一六

三 上司暗殺嫌疑……一八

四 政治への発心……二〇

II 思想の展開期(一) ——他力依存——……二五

一 県会議員として……二五

二 国会議員として……三三

三 直　訴……五三

III 思想の展開期(二) ——自力依存——……六三

一　指導者と民衆……六三
二　不反応の思想的背景……六七
三　指導者のあり方……七四
Ⅳ　思想の完成期　——自力から他力へ——……八一
一　谷中入り……八一
二　正造と残留民……八五
三　正造の覚醒……九〇
四　天国づくり……九七
Ⅴ　思想の反省期……一〇一
一　その後の谷中……一〇一
二　運動の教訓……一〇八
三　現代史的意義……一一三
第二編
はじめに……一二四

I　政治倫理思想……一二五
一　為政者倫理の要求……一二五
二　政治批判の根拠……一三〇
三　根拠の根拠……一四四
四　政治倫理思想の構造……一五三
II　田中正造における近世と近代……一七四
一　近世民衆思想の影響……一七四
二　過渡期の思想……一九一
三　近代思想……一九八
四　近世的要素の減退……二〇三
あとがき……二〇六
田中正造年譜……二〇九
参考文献……二一七
さくいん……二二三

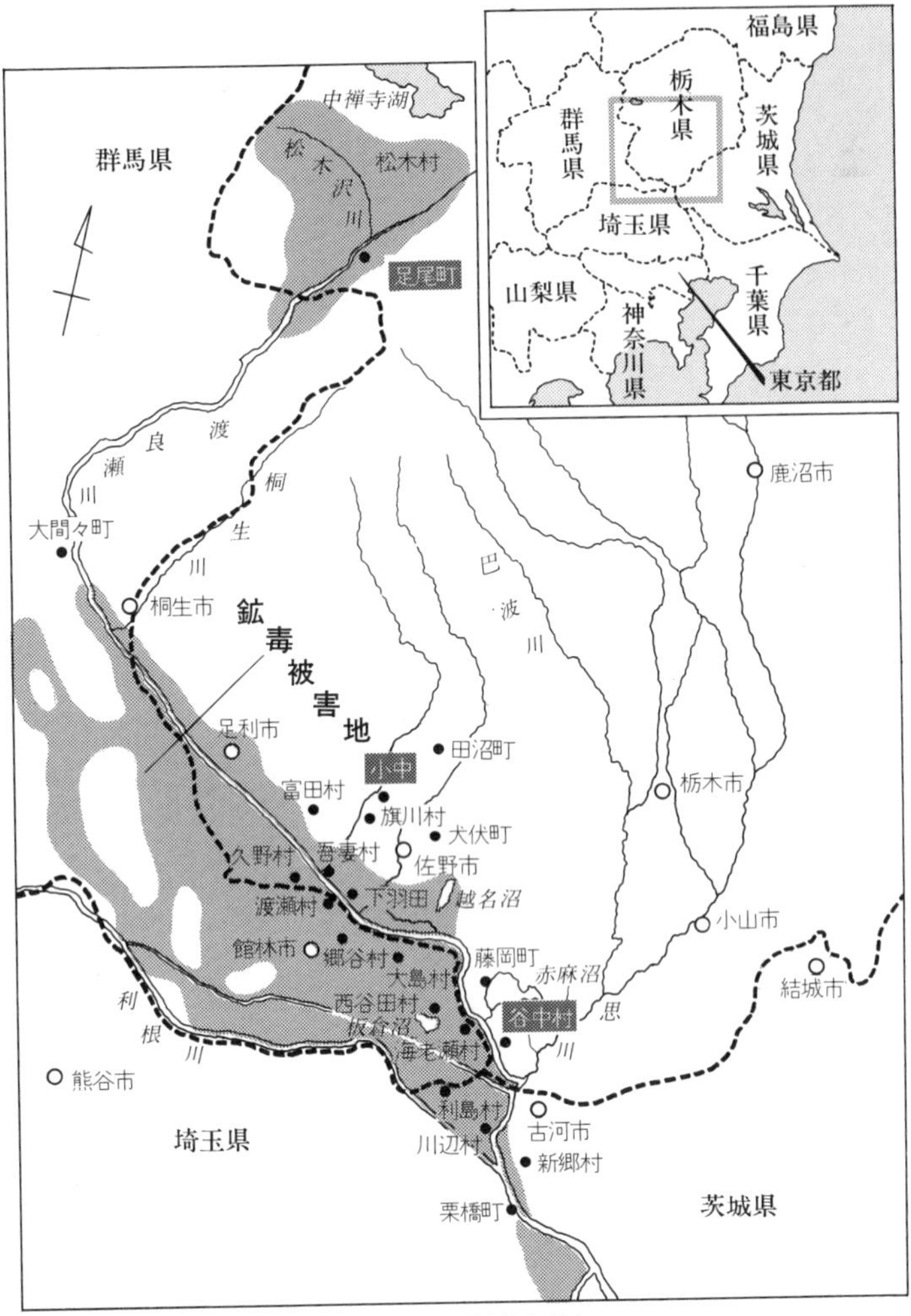

田中正造関連地図（『田中正造』岩波新書参照）

第一編

I　思想の醸成期　――自力と他力――

一　幼少時

百姓宣言

「予《よ》は下野《しもつけ》の百姓なり」。自伝『田中正造昔話』の冒頭をかざるこの言葉ほど、田中正造の人となりを適格にいいあてた言葉はほかにないのではないか。なぜなら、百姓であることを誇らかに宣言したこのことばは、明治二八（一八九五）年九月一日の読売新聞に掲載されたものであるが、そこにはその後の田中正造の一生を予言するかのような、為政者《いせいしゃ》と対峙《たいじ》する被治者身分としての抵抗精神がありありとみなぎっており、かつ自らが近世以来の百姓的要素（性格・思考など）によって基本的に規定されていることの自覚が示されているからである。

ともあれ現代日本の公害の原点とされる足尾鉱毒事件の解決に全生涯をささげた田中正造（以下、たんに正造ということが多い）は、いまをさること一五六年前の天保一二（一八四一）年一一月三日、父富蔵、母サキの長子として、下野《しもつけ》国安蘇《あそ》郡小中《こなか》村（現栃木県佐野市小中町）に生まれた。当時の田中家は祖父の善造（正造・庄蔵・庄造とも称した）以来、名主を勤める家であり、この名主家の長男として生まれ、自らものちに若くして名主役についたことが、正造（幼名は兼三郎《かねさぶろう》、のちに祖父の名を襲名する）に、村人の生活を守るためにはときとして自らの生命をかけることも必要になるという名主意識を一生涯植えつけることになった。

田中家の属する小中村は、当時、高家《こうけ》といわれる旗本、六角《ろっかく》家に属していた。六角家は下野と武《む》蔵《さし》の七か村を領し、秩録はわずかの二千石だったが、家格は一万石の小大名以上とみなされ、幕府の儀式典礼を勤める家であった。

田中正造の生家（栃木県佐野市，著者撮影）

幼児期の出来事で、思想形成に関係したものといえば、五歳のとき、描いた人形の絵が下僕から下手だといわれ、腹を立てた正造が下僕に絵を強要して母から叱られ、雨のそぼふる暗闇の戸外に二時間あまり放置された体験があげられる。かれは後年、「母より加えられたるこの刑罰は、真底心をさして、まことに悔悟《かいご》の念を起さしめぬ、思うに予をしてながく下虐《かぎゃく》の念を断たしめたるゆえんのものは、まことに慈母薫陶《くんとう》の賜物ぞかし」と感謝した。

成人後の彼が差別されている人びとにいつもあたたかく接したのは、このときの体験からくるのでなかろうか。たとえば、明治七

（一八七四）年の夏、当時、村人から賤視されていた穢多《えた》を麦打ちに雇い、部屋に上げ、風呂にも入れ、同じ椀《わん》で水を飲んだため、近所のものや親戚まで正造の家へよりつかなくなったことがあった。正造はそうした人びとに「穢多の人類中に区別すべからざるを説」いたが、「説けば説くほど衆皆眉をひそめ唾を吐き、ついに正造をも穢多のごとく正造に湯茶を飲ますることを忌」むようになったという。

明治一三（一八八〇）年の春、県会議員の正造は、娼妓《しょうぎ》や芸妓《げいぎ》などを呼びすてにするそれまでの慣行を、芸妓などの出す税金で弁当を食べているわれわれ吏員が、「その芸妓を呼捨てするは無礼なり。人民の権利を重んずるの政府の御役人にして、人民を軽蔑するは、そも〳〵いわれなし」といいはって、ついに娼妓や芸妓にも殿をつけて呼ばせることにした。

正造に平等観念の強いことは、あとでもふれる小学校教育を中学校教育より優先させるべきという主張にも明らかだが、明治一七（一八八四）年三月の小学補助金論で、「これ本員が幸福を分配して公平を得んと欲するゆえんなり」といっているところにもみられる。当時、かれは幸福の公平な分配人になりたいと願っていたのである。

正造は安政六（一八五九）年、父富蔵の割元《わりもと》（複数の庄屋を統括する役目）昇任に伴い、その後任として小中村六角家知行所の名主に選ばれた。ときに一九歳。名主家に生まれたかれは、名主が仁政《せい》を施さなければならない為政者的立場の末端に位置することを知っていた。名主になったかれが、早速、村中の孝子を領主に具申《ぐしん》して賞を得させたのは、その手初めであったろう。自伝で「これ予が名主としての第一着の事業にして、これのみ村内の喝采《かっさい》を博したりき」と、やや得意気にかいているのはこのためである。

このころの正造の日々は、大変に充実していたようである。毎日かれは、朝食前に草を一荷《いっか》刈り、朝食後に二時間、藍《あい》商人として働き、その後、寺子屋で数十人の子どもたちに手習、よみかきを教え、夕食後は藍小屋を見廻ったあと、寺院で朋友と漢籍の勉強をしあった。田畑の耕作は当然、日中にすませ、名主としての仕事は自宅でやった。かれの精農ぶりは他人より反当たり二斗も多い米を収穫するほどで、それは終生、右手の鍬瘤《すきこぶ》、左手の鎌創《かまきず》として残った。そしてそれをかれは生涯、百姓の誇りとして語った。かれが「予は下野《しもつけ》の百姓なり」と、百姓身分であることを高らかに宣言した背景には、百姓として立派に生きた自負があったからにちがいない。

ところでかれは百姓として優秀であったばかりではない。先を見通す先見の明もあった。生育のはやい松苗を植林したり、養蚕《ようさん》の有益さに目をつけて畑に桑を植えたり、高利潤の藍玉《あいだま》生産を始めて大金を儲《もう》けたりしたのがそれである。かれは百姓にも経済観念が必要なことを信じ、自ら実践した。こうした経済重視の思想は、生活に役立つ実学を学んだところから由来したと思われる。すでにかれが日中の労働で疲れた身体にむち打って、夜間に朋友と学問にはげんだことを紹介したが、百姓に学問など不要とされた当時にあって、この学問への精進ぶりは注目される。かれは終生、学問の大切さを強調したが、それは学問が百姓の生活にとって必要だったからである。かれは学問を、百姓が生きていくための、いわば武器として考えていたのである。

二　六角家騒動

領主への不服従

名主になったばかりの正造に早速、試練がふりかかった。世に六角家騒動《ろっかくけそうどう》といわれるものである。騒動の原因は、領主の六角家がそれまでの村落自治の好慣例を無視したり、勝手に年貢負担を増大させたことにあった。

前者の例としては、これまで村人の意向で決められてきた割元役・名主の選出や罷免《ひめん》に領主が一方的に介入してきたこと、具体的には、各村の持ちまわりで勤めてきた割元役に正造の父の富蔵が慣例を破って抜擢《ばってき》されたことや大久保村の小百姓、医師の平塚承貞《ひらつかしょうてい》の重用、助戸村名主藤吉と小中村名主正造の休役命令などがあげられる。こうした領主側の介入は、村落自治への干渉、秩序破壊として村人の怒りをかったのである。それは六角家領の今福村・田島村・助戸《すけと》村・山川《やまがわ》村の四か村が、割元役をこれまでの慣例通り村々年番で勤めたい、もしこの願いがきき入れられないときには、「小前《こまえ》一同出府御直訴可致《いたすべく》」といいはったところに明瞭である。村落の「自治的好慣例」の維持は、正造が生涯にわたって主張したことであり、後年、正造の専売特許の観を呈したが、幕末期にあっては、すべての村人のひとしく重視するところであった。

もうひとつの騒動の原因となった年貢負担の増大とは、厖大《ぼうだい》な先納金の命令、年貢徴収方式の恣《し》意《い》的《てき》な変更、筆頭用人林三郎兵衛による賄賂《わいろ》の要求などである。

慶応元（一八六五）年、二五歳の正造は村人の先頭に立って、直接領主に用人林の免職を訴えた。六角家領分七か村の農民も同年四月、名主層のもとに団結して、用人林と医師平塚の悪事を訴え、両人の罷免を要求した。悪事のなかには先君死去後の後室と用人林との醜聞、年若い主君の放蕩《ほうとう》などが含まれていた。この訴えは成功しかけるが、あいにく幕末の動乱に遭遇《そうぐう》してあいまいにされてしまう。ここで百姓たちは今度は東征大総督の出した「年来苛政《かせい》に苦しみ罷《まか》りあり、その外しさいこれある輩《やから》は遠慮なく本陣へ訴え出づべし」という仁政方針を利用して、早速、六角家の家政紊乱《びんらん》を大総督府へ訴えたのであった。その結果、林と平塚は逮捕されたが、領主側の働きかけで釈放されてしまい、またもや百姓たちの運動は失敗したのであった。

そこで正造は六角家の本家である烏丸《からすまる》家に嘆願書を出して、六角家の悪政を訴え、用人林の罷免を要求した。その文面には、「御当主様御暗君《あんくん》の趣きにつき、恐れ入り奉り候えども、御隠居遊ばされ、御次男様をもって御家督遊ばされたく候事」という領主の交代を要求することばもあった。百姓身分でもって領主を「暗君」とよび、その交代を要求した過激さには、後年の正造の徹底した抵抗姿勢の片鱗《へんりん》がうかがわれる。

ところで、この嘆願書が林らの手に入ったため、正造は捕えられて江戸屋敷の牢に入れられた。この牢たるや、大きさわずかに三尺立方にして、床に穴をうがちて大小の便所を兼ねしむるもので、上体を伸ばそうとすれば、まず両手を床につき、尻を立てて虎の怒るような姿をしなければならず、足を伸ばそうとすると、まず仰けに倒れて足を天井に反らせ、あたかも獅子が狂ったような形をとらなければならないほどの窮屈このうえないものだった。四六時中、拷問《ごうもん》されているようなこうした状態で、かれは実に六か月もがんばったのである。その間、毒殺を恐れて同志の差し入れた二本の鰹節《かつおぶし》だけで三〇日間も耐えたことがあった。

結局、この騒動は正造らの訴えがきき入れられて終わったが、百姓側も巨額の費用の捻出《ねんしゅつ》で、田畑・家屋敷を売ったり、妻子兄弟離散するものも出たのであった。しかし正造はこの体験から貴重な教訓を得た。それは百姓が要求を貫徹するためには、一致団結し、自ら立ちあがることの必要さである。これは後年の正造の行動と思想を形成するうえで基本的に重要な体験となった。

三　上司暗殺嫌疑

ふたたび投獄の身

明治二（一八六九）年の初冬、領内追放の処分をうけて釈放された正造は、しばらく隣村の堀米村で手習塾を開いて生計をたてた。

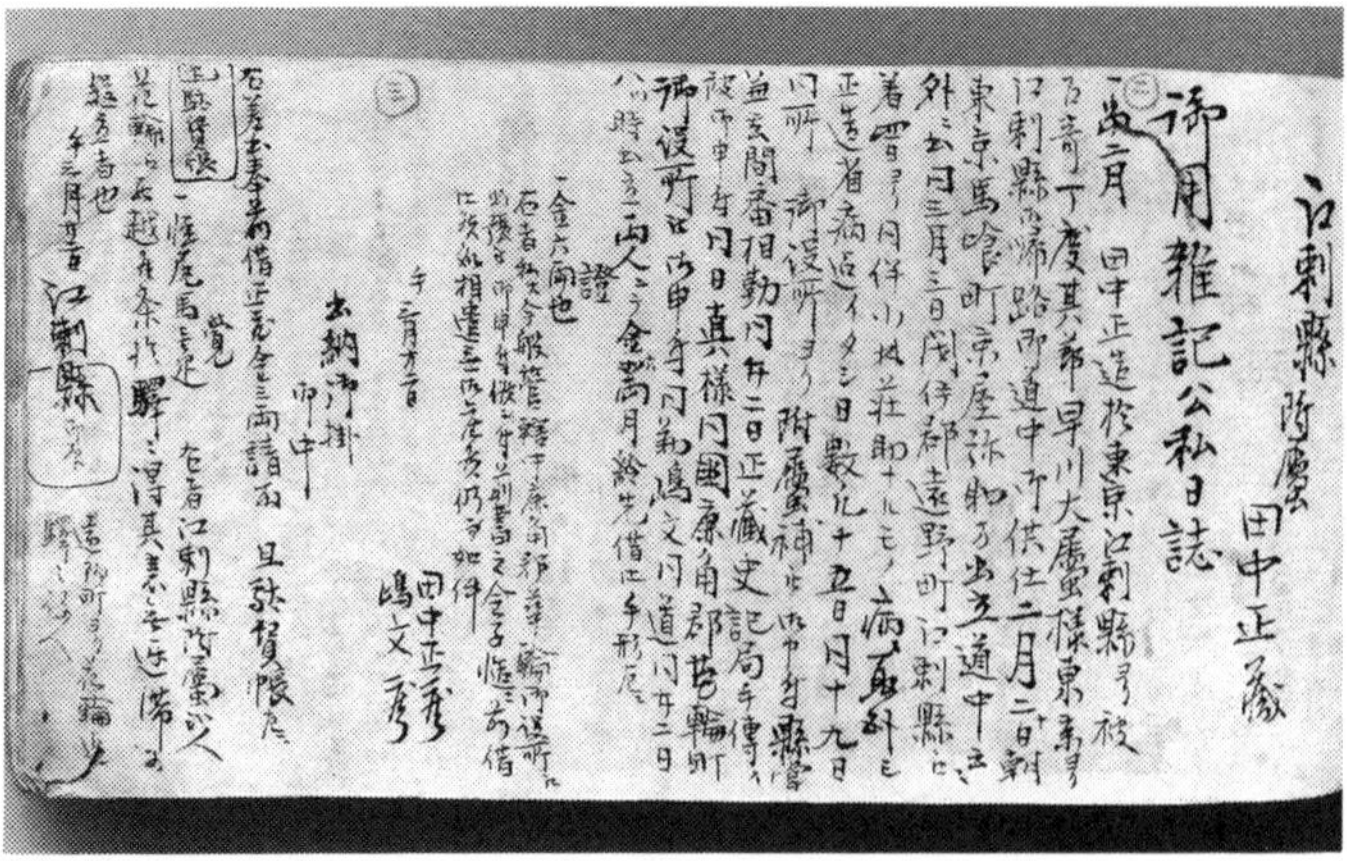

『御用雑記公私日誌』　花輪町役所時代の正造の日記。（佐野市郷土博物館蔵）

やがて明治政府の役人である知人の織田竜三郎にすすめられて東京へ出たが、織田の失職で思わぬ苦労をした。それを見かねて陸中江刺《えきし》県（いまの岩手県）の官吏、早川信《しん》斎《さい》のつてで、正造は明治三年三月から、江刺県花輪町（いまの秋田県鹿角《かづの》市花輪）の役所で下級官吏として勤めることになった。

かれの仕事は最初、窮民のとり調べであったが、そこで見た、雪中の蕨《わらび》の根や塩まじりの稗糠《ひえぬか》の粥《かゆ》を食べて露命をつなぐ東北山間農村の窮民の姿は、かれの名主意識を刺激しないではいなかった。それはかれが調査結果を上役にとりつぎ、秋田米五百俵ほどを取りよせて窮民を救ったところや、聴訟《ちょうそ》掛兼山林掛としての半年間に、官林盗伐、窃盗《せっとう》、村境争いなど六九件もまとめた活躍にみられる。正造は初めて体験する為政者的立場をいかして、貧しい人びとのために仁政を施そうと努めたにちがいない。

ところが明治四（一八七一）年二月、正造は突然、不幸な事件にまきこまれる。正造の上司、木村新八郎が何者かに暗殺され、その下手人として逮捕されたのである。廃藩置県で江刺県が廃されたこともあって、正造の身柄は各地へ転送され、拘置期間は約二年九か月に及んだ。ここでも算盤《そろばん》責めなどのひどい拷問にあい、厳寒の獄中、死者の衣服を貰いうけて、やっと寒気をしのいだこともあった。

西洋思想との出会い

ただ、この在獄期間は正造の思想形成に重大な意味をもった。正造が西洋の翻訳書をよんで、政治・経済などの勉強をしたからである。獄中で正造がよむことの可能であった書物に、加藤弘之『真政大意』、中村敬宇《けいう》訳『自由之理』、高橋達郎輯『自主新論』、小幡《おばた》篤次郎訳『上木自由論』などがあった。正造がよんだことの確実なものに、スマイルズ著、中村敬宇訳の『西国立志編』がある。これは幼年からの吃音《きつおん》矯正の目的もあってくり返し音読され、正造の思想形成に大きな影響を与えたのである。

四　政治への発心

自由民権思想の洗礼

明治七（一八七四）年四月、正造はやっと無罪放免されて故郷へ戻った。維新変革の波をうけて大きく変貌した故郷で、正造はまず六角家騒動による債務の整理を行った。獄中でよんだ『西国立志編』の感化で、自由・自立の人になるためには債務から解放される必要があることを確信したからである。

ついで乞われて隣村赤見村の酒造家兼酒屋、蛭子屋《えびすや》の番頭になった。将来の大成にそなえて民間の俗情に通じる必要を感じたからである。かれの生涯には、民間の俗情に通じようとする努力がしばしば見られるが、それはかれが民間の俗情に暗い点を、自らの致命的欠陥とうすうす自覚していたためでなかったろうか（第一編第Ⅳ章参照）。

このころの正造には、獄中でよんで感銘した西洋社会の新しい制度や思想を日本でも実践してみたいという考えがあった。蛭子屋でとり入れようとして失敗した福沢諭吉の帳合《ちょうあい》法という西洋式の簿記や、家族を苦しめるだけに終わった四か条の「家政の憲法」がそれである。「家政の憲法」の内容とは、一、家内一同借財を記憶すること、二、向こう三か年は倹約に努めること、三、日曜日は家族一同休息すること、四、金銭の支出には家族一同の協議を必要とすることの四か条であった。憲法という言葉やその内容、たとえば、日曜日の安息や家族の対等な立場の前提などに、獄中でよんだ西洋社会の感化が感じられる。ここには良いと思ったことをすぐに取り入れようとする正造の積極的な実行力がよくあらわれている。

その結果はどうであったか。家の畳が新調されていたので、家政の憲法を破るものはだれかと叱ったら父だと分かり、「父は神聖にして罰すべからず」ということで、憲法の実践の不可能なことを知った。父親の権威が絶対であった当時の日本の社会に、家族対等の立場を前提とする西洋社会の制度や思想を、そのまますぐに取り入れることはとてもできない相談であった。

明治九（一八七六）年、正造は商売に向いていないという蛭子屋主人の忠告で、そこをやめた。ときあたかも自由民権運動が全国各地で台頭しはじめた時代で、すでに獄中で自由民権思想の洗礼をうけていた正造は、この動きに身を投じることになる。

自由民権運動の特色

自由民権運動は板垣退助らの民選議院設立要求運動を中核とするが、その背景には、「天賦《てんぷ》人権説」（人は生まれながらに、自由・平等の生活ができる権利を天から与えられているという考え方）に共鳴し、全国各地の民権結社を拠点とする、民衆の人権に対する広範な覚醒《かくせい》があった。ただ、この時期の自由民権運動は、いわゆる「旦那衆」とよばれる豪農層によって担われており、政権をとるところに関心が集中して、民衆の生活をよくするところに関心が向かっていない。正造は豪農ではなかったが、周囲の影響もあって、かれの目も民衆に向いていない。そのことは、明治一〇（一八七七）年八月の国府義胤《こうよしたね》あての手紙、「今や国家の形勢、上等社会にあらざれば民権を起すことを得ず」から明らかである。

かれは、明治一七（一八八四）年に勃発した中下層農民を中心とする秩父《ちちぶ》事件について、あの厖《ぼう》大《だい》な『田中正造全集』でもほとんど言及していない。管見《かんけん》では、「秩父騒動九ケ月裁判ヲ受クル

（第六巻五九頁）」の一行のみである。このことは秩父事件が隣県の政変であり、かれがすでに県会議員という政治家であったことから考えると不思議なくらいである。たしかに秩父事件の勃発時には、加波山《かばさん》事件の連累者《れんるい》として、正造は栃木県監獄宇都宮支署や佐野警察署に収監されていたので、それどころではなかったかもしれないが、もしかれの関心が中下層の民衆にあったのなら、そのあとでももっとふれられたはずである。

明治一一（一八七八）年七月（三八歳）、栃木県第四大区三小区区会議員に選ばれ、政治の道に入った。この年、民選議院設立進言のため、土佐に板垣退助をたずねようとし、ついで政府に同建白を図ったがどちらもうまくいかなかった。そこで翌明治一二（一八七九）年には、廃刊になっていた栃木新聞を再刊して、自らその編集長となり、自由民権思想の普及に努めたのであった。

自力性と他力性

ところで、生まれてから政治に志すまで三八年間ほどの田中正造の思想的特徴を、自力性と他力性という観点で眺めてみると、どういうことがいえるであろうか。なお、この場合、自力性とは自らの判断・選択・信念・行動などをたのむ性格をいい、他力性とは自分以外のなにか、他人や組織・制度などにたよる性格をさす。

この時期の自力性としては、領主六角家の村落自治の慣行侵害に対して率先して立ち上がったり、江刺県官吏時代、仁政実践をよしとする信念から、積極的に窮民を救済しようと努めた主体的な行動が、その典型例として想起される。このほか穢多《えた》や芸妓に対する差別をなくそうとした自主的な努力、松苗・養蚕・藍玉《あいだま》など商品作物導入にみられた積極性、西洋の良いと思われた慣習（帳合式簿記や家政の憲法など）を日本の社会にとり入れようとした進取の精神なども正造の自力性をよく示すものである。

一方、この時期の他力性としては、六角家騒動の渦中にみられた領主への訴えや領主の本家、烏丸家への嘆願、東征大総督への期待などがあげられる。なぜなら、そこには領主、領主の本家、倒幕軍の最高指揮官といった有力な人物に頼って、問題の解決を図ろうとする他力的な性格が濃厚に認められるからである。

つまり、この時期の正造には、自らの力をたのむ自力性と自分以外の力をあてにする他力性とがともに混在しているのである。しかもその混在ぶりは、この時期、自力性と他力性のどちらかに大きく片寄ることなく、バランスをとりながら存在しているのである。それではこの自力性と他力性とのバランスは、その後、正造の人生において、どのように変化していくであろうか。つぎには正造が政治家として飛躍していく明治一一（一八七八）年以降の時期について検討してみることにしよう。

II　思想の展開期㈠　――他力依存――

一　県会議員として

明治一三（一八八〇）年二月（四〇歳）、安蘇郡選出の栃木県会議員となる。

自由民権家として

正造の県会議員としての活躍は、一、自由民権家としての活動、二、県政への貢献、三、県令三島通庸《みしまみちつね》への抵抗の三つにまとめられる。

第一の自由民権家としての活動とは、国会開設要求であり、民権思想の啓蒙である。前者は、たとえば、明治一二（一八七九）年九月一一日の「国会を開設するは目下の急務（栃木新聞）」にみられる。かれは日本が内外の危機に抗して独立を維持するためには官民とも責任を担うべきで、そのためには国会を開設しなければならないと主張した。ここには明治維新政府が必要を自覚し、五箇条の誓文にもりこんだ君民共治の政治が引き続き理想とされているのである。

正造らは国会開設のために安蘇結合会を結成し、それはやがて中節社と名称を変え、国会開設建白書署名運動の母胎となった。正造の起草した建白書の草案では、五箇条の誓文の効果があがらない原因を国会がない点に求め、国会開設時期尚早という意見に対しては、山村の僻地《へきち》でも政治を論ずる現在、日本は「寧《むし》ろ政事学世界」であって、その心配は不当だと反論した。

明治一三（一八八〇）年一一月、東京で開かれた第二回国会期成同盟大会に出席し、全国の民権家と意見をかわした正造は、国会開設のために政党を結成する必要性を痛感した。政党とは、「人民の権理《（ママ）》は即ち自由なり。自由の出る処即ち道徳なり。故に徳行に憲法あり。これを組織改良するものこれを政党という」とのことばから分かるように、道徳・徳行を基盤とするものであった。ここにみられる道徳・徳行の重視は、少年期の儒学の学習から獲得されたと思われるが、正造の政治思想の重要な柱であり、大きな特徴のひとつである。

さて、自由民権家としての活躍のひとつに、自由民権思想の民衆への啓蒙活動がある。具体的には、巡回演説会の開催である。中節社の社員を中心に、ときに東京から講師を招いて、巡回演説会が県内外三七か所で開かれ、多くの聴衆を集めた。かれらは会が終わってからも、弁士の宿舎に押しかけてまで議論に熱中した。当時はまさに政治の時代だったのである。こうして一般民衆の民権思想は進歩したが、それを背後で支えたのものが、各村に設けられた夜学校や私塾、あるいは談話会であり、有志の醵金《きょきん》で設けられた新聞縦覧《じゅうらん》所などであった。

一般的な政治意識の高揚のなかで、正造も自らの自由民権思想を深め、地域の指導者として多忙な日々を送ったのである。

こうした草の根における自由民権運動がそのまま順調に伸びていったなら、どんなに良い明治の政治が開けたことであろう。ところがこの明るい展望が、明治一四（一八八一）年に勃発した開拓使官有物払い下げ事件によって打ち砕かれてしまうのである。開拓使官有物払い下げ事件とは、政府が一四〇〇万円の巨費を投じて開発した北海道開拓の事業を、三八万円で同じ薩摩藩出身の政商五代友厚《ごだいともあつ》らに無利息三〇年賦で払い下げようとした事件である。ために世論は沸騰し、自由民権家は専制政治を攻撃して国会の早期開設を要求した。結局、政府は世論に屈し、国会を一〇年後の明治二三（一八九〇）年に開くことを約束して世論を鎮め、払い下げを中止した。

栃木県会議員時代の田中正造

政府が国会開設を約束したことによって、それを要求していた自由民権運動は勢いをそがれた。自由民権運動の停滞を恐れた正造は、中節社社員につぎのように訴えた。「国会開設が約束されたのはうれしいが、一〇年後というのは大問題である。なぜなら、自分たちは今日にも開きたいと考えていたからである。また明治二三年を期して国会を開くということは、その年まで開かないという意味ではなく、その準備さえ整えば今日にも開くという意味である。したがって国会開設の準備を早く整えて、万機公論に決すべしという天皇の聖意に沿うよう政府に働きかけなければならない」と。

また国会開設には憲法が不可欠だが、憲法の制定を政府にまかせるのではなく、人民の側でこれの憲法をつくりたいと政府官僚に申し出る必要がある。そうでないと国会も憲法もあとで後悔するものになろうと警告した。当時は全国津々浦々で、現実に成立した明治帝国憲法より数段すぐれた私擬《しぎ》憲法が多数用意されていたから、明治政府の側に五箇条の誓文の精神を守る意志があれば、すばらしい憲法が陽の目をみたはずであるが、専制政府である明治政府にその配慮はひとかけらもなかった。その結果、民衆本位でない欽定《きんてい》憲法が制定され、国会もまた民衆の権利を重視しないものとなった。正造自身、その後、自らの不安の的中した現実に臍《ほぞ》をかむことになるのである。

ともあれ、正造のさきの警告は、国会の開設も憲法の制定も、人民の主体的な力でかちとらなければ意味がないというものだった。ここにみられる人民の主体性を重視する正造の思想は、自由民権運動の渦中で人民が実際に示してみせた主体的な高揚と、さらには自ら幕末期の六角家騒動で体験した百姓の主体性への認識から生まれたものであったにちがいない。

県政への貢献

正造の県会議員としての活躍の二つめは、県政への貢献である。それはつぎの三つに要約できる。第一は、地方自治の拡充と政府の干渉排除、第二は、地方税の削減による人民負担の軽減と行政費の節約、第三は、小学校教育の普及と拡充である。

第一点について、正造は地方が中央政府の干渉をうけず、自由に地方の政治をすることを必要とした。正造が郡長や戸長の公選を主張したのはこのためである。

第二点については、警察費、土木費、衛生及び病院費、監獄費などの軽減をいつも人民の生計の苦しさを理由に主張した。その主張は平等の点からもなされた。たとえば、県下全般にわたる衛生費と伝染予防費が、都市部にある県立病院費の十分の一にも及ばない。これでは都市部の県民と地方の県民とのあいだが不平等であるというように。

第三点は、小学校教育の普及と充実、女子教育重視にみられる。

まず、小学校教育の普及と充実について。これは中学校教育抑止論と裏表の関係にある。明治一三（一八八〇）年五月、栃木県議会で正造は、「先ず小学校を盛んならしむるを以て目下の急務となし、中学の如きは尚、遅緩《ちかん》すべきも幾分の余地あるを信ずるなり」と、教育においては小学校教育を優先すべきと主張した。その理由は、教育は資産の多寡《たか》に比例して恩恵も変わるので、貧乏な子どものうける小学校教育に重点をおくべきというものだった。

師範学校の重視は正造の教育思想の特徴であるが、これも「師範学校の盛衰は県下各小学校に関するもの」というように、小学校教育の盛衰をきめる小学校教員の養成機関だからであった。明治一三（一八八〇）年、正造は県会において師範教育を盛んにしたいと述べ、師範学校教員の俸給を増やすべきと主張した。

最後に女子教育について、正造は同じ年の県会で、日本人民の半分は女子であるから、女子教育が振るわなければ日本人の半分が文盲（字が読めないこと）になってしまう。女子教育を振興させるためには、立派な教師をうることが必要で、そのためには教師の俸給を増やすべきと提案した。

以上にみた正造の主張の根底には、人民から選出され、付託をうけて与論を代表する「代議士」としての倫理的責任感があった。

三島通庸とのたたかい

正造の県会議員としての活躍の第三は、県令三島通庸《みしまみちつね》とのたたかいである。三島通庸とはもと薩摩藩士で、明治政府の専制体制を築きあげるうえで貢献のあった明治藩閥政府の典型的な官僚である。

福島県令時代、福島県の自由民権運動を弾圧した（福島事件）三島は、明治一六（一八八三）年、栃木県令を兼任するとすぐ、独断で県庁を栃木町から宇都宮に移し、ついで陸羽《りくう》街道の新開・改修工事のため、総額一七万七千円という巨額の土木工事を県会に提出した。当時、栃木県の年間の総予算が約四〇万円であったから、この額がとてつもなく大きかったことが理解されよう。これは政府の中央集権的な国益優先主義の殖産興業政策を推進すると同時に、県会の民権派への打撃を狙うものであった。

正造はこの提案に対し、地方税というものは県下全域の公益のために支出すべきものであるのに、提案の工事はごく一部の地域にしか該当しない。逆にその巨額な費用のために、県下全域の道路橋梁《きょうりょう》の新設・修繕が来年に延期されてしまう。さらに年々必要な治水費が前年の三分の一に減少するのも大問題だと反対した。そしてかれは県民すべてに直接利益をもたらす二等道路の修繕を先にしてから、今度のような一等道路の新開をすべきだと主張した。またかれはいったんおろそかにすると、県民に大被害をもたらす治水費の充実こそ、道路の新開・改修より優先させるべきだと強調した。ここにも大多数の人民の利害を第一とする正造らしい思想があらわれている。

しかし正造の意見は賛成少数で否決され、結局、道路橋梁費一〇万五〇九〇円が県会を通った。これが可決されると、三島県令は沿道の人民に寄付金を強制し、各戸に数十日間の無償労働を課して、土木工事を強行した。そのやり方は不法乱暴をきわめ、乙女宿《おとめやど》事件のような工事監督の警官による労役者への暴行・不法行為が頻発した。

陸羽街道の南に位置する乙女村は、その日暮しの貧民の多い村であった。県令の命令で男子は労役に無賃でかり出されたが（万一、休んだときは一日二五銭を徴収された）、朝夕働かないでは生きていけず、そのため出役の時間に多少遅れることがあった。それを巡査は人夫世話役の罪とみなして、その総代である善平《ぜんぺい》を乱打し、捕縛して連行しようとした。そこで、平素善平の恩義に感じていた村人たちが善平をやるまいと巡査に組みついて乱闘となった。いったんは巡査側があきらめて善平

衆議院議員時代の田中正造

をとり戻すことに成功したが、やがて応援の巡査が四、五〇名、白刃を振るって民家に闖入《ちんにゅう》し、老幼を蹴倒し、壮丁を乱打し、村民七三人を捕縛したのである。なかでも気の毒だったのは善平の妻で、小山分署に拘引《こういん》後、裸にされて拷問をうけた。これが乙女宿《おとめやど》事件の概要である。

正造は事件がおこると、官憲の不法行為をつぶさに調査し、上京して内務卿山県有朋《やまがたありとも》らに訴えたが、三島県令の専制はやまなかった。そこで正造は同様に三島の横暴を憎む仲間と協力して、県会で三島の専制を咎《とが》める決議を可決したり、栃木県庁の開庁式を中止させたりした。

正造らの抵抗を憎んだ三島は、このとき勃発した加波山《かばさん》事件にかこつけて正造を逮捕しようとしたが、正造は厳重な捜索の手をかいくぐって上京した。正造は証拠書類を外務大臣井上馨《いのうえかおる》に提出しようとしたが果たさず、警視庁に出頭して自分の立場を説明した。しかし警視庁は正造を加波山事件の関係者とみて、身柄を宇都宮へ護送した。その後、正造は佐野警察署へ移され、結局、釈放されたのは約二か月後のことであった。

明治一九（一八八六）年、正造は県会議長に選ばれ、それを二期つとめる。その間、明治二二（一八八九）年の帝国憲法発布の式典に栃木県会議長として出席した。かれが人民の生活を守るものと信じた憲法はその後、正造の期待通りに機能したであろうか。

二　国会議員として

国会議員に当選

明治二三（一八九〇）年七月（五〇歳）、正造は第一回衆議院選挙に改進党候補として栃木三区（安蘇・足利・梁田《やなだ》郡）から出馬して当選した。以来、議員を辞職する明治三四（一九〇一）年一〇月まで一一年間、正造は人民のために国会議場で奮闘することになる。かれの活躍は、諸種の不正事件の糾明《きゅうめい》と足尾鉱毒事件に関するものの二種に大別される。

諸種の不正事件

諸種の不正事件とは、つぎの二つに分類される。ひとつは政府と政商との結託による不正であり、ひとつは現職警官による人民殺傷である。

前者の不正は、官営事業の払い下げと軍隊による缶詰・毛布などの買い上げにみられた。官営事業の払い下げとは、次表に明らかなように、阿仁《あに》銅山が古河市兵衛《ふるかわいちべえ》へ、長崎造船所が三菱へといったふうに、一四の官営事業が格安の値段で藩閥政府と縁故のある特定の政商に払い下げられた事件をいう。この事件に対して正造は、たとえば北海道幌内《ほろない》炭鉱・鉄道の場合、一八〇万円官費のかか

払下年月	物件	財産評価額	払下価格	払受人
1874.12	高島炭礦	一円	550,000円	後藤象二郎
84. 1	油戸炭礦	17,192	27,943	白勢成熙
84. 7	中小坂鉄山	24,300	28,575	坂本弥八他
84. 7	深川セメント他	67,965	73,963	浅野総一郎他
84. 9	小坂銀山	192,003	273,659	久原庄三郎
84.12	院内銀山	72,990	108,977	古河市兵衛
85. 3	阿仁銅山	240,772	337,766	古河市兵衛
86.12	札幌醸造所	—	27,672	大倉喜八郎
87. 6	新町紡績所	—	150,000	三井
87. 6	長崎造船所	459,000	459,000	三菱
87. 7	兵庫造船所	320,196	188,029	川崎正蔵
87.12	釜石鉄山	733,122	12,600	田中長兵衛
88. 8	三池炭礦	448,549	4,590,439	佐々木八郎
89.12	幌内炭礦・鉄道	—	352,318	北海道炭礦鉄道
93. 9	富岡製糸所	—	121,460	三井
96. 9	佐渡金山	445,250	1,730,000	三菱
96. 9	生野銀山	966,752		

官営工場の払い下げ　(安藤良雄編『近代日本経済史要覧』(第2版) より

ったものを一万五千円の使用料（使用者は年間一六万円以上の利益をえた）で、前北海道庁炭鉱鉄道事務所長村《むら》田堤《たつつみ》と北海道庁堀基《ほりもとい》の二人が特別に庇護されて莫大な利益をあげた点を、「道理の分らぬ話」として批判・追及した。また神戸造船所の場合、二五〇万円かかった造船所が、川崎正蔵にわずか一八万円で払い下げられ、川崎が六五万円で日本製鉄会社に売って莫大な利益をあげた点が、やはり見逃しにできない不正として批判された。権力者が自分の縁故者に特別な便宜を図ることの不公平さと、公益をあげるための施設が私益をあげることに使われたことへの公憤がそこにはみられる。

　軍隊による缶詰・毛布などの買い上げに伴う不正とは、さきの不正事件と共通するが、日清戦争で急激な需用をみた軍隊用の缶詰や毛布の買い上げが、「奸商《かんしょう》とか御用商」の不正な暗躍によってなされたことを追及したものである。

後者の不正事件とは、明治二五（一八九二）年七月二二日に石川県能美郡寺井分署の警察官五名が、拘留者の見舞客の一人を切り殺し、数人に重傷を負わせた事件である。正造の批判点は、石川県知事がこれらの警官を現職にとどめ、義捐金《ぎえんきん》まで与えた点にあった。つまり、人民を殺傷した警察官を、人民保護を任務とする現職にとどめることは、自民保護をかかげる憲法に矛盾するというのである。人民本位をいう憲法本来の精神を重視する正造の思想が明らかである。

足尾鉱毒事件

さて、いよいよ田中正造の国会活動の中心となった足尾鉱毒事件である。これはいうまでもなく古河財閥の経営する足尾銅山から流出した鉱毒によって渡良瀬《わたらせ》川沿岸の人民が甚大な被害を蒙《こうむ》った事件である。これの端緒は明治専制政府が縁故関係のある特定の一政商、古河市兵衛を特別に庇護したところにあり、さきにみた払い下げの不正と共通する根をもつ事件であった。

この事件に対する正造の最初の質問は、明治二四（一八九一）年一二月の第二回帝国議会においてであった。正造は大日本帝国憲法第二七条の所有権不可侵の規定、日本坑法第一〇款第三項と鉱業条例第一九条第一項の公益に反する鉱山業の取消条項を冒頭にかかげ、近年顕著になった足尾銅山からの鉱毒被害について、政府の考え、被害民救済の方法などについてただしたのである（第二編第II章二節参照）。

鉱毒の発生

実は足尾銅山より流出する鉱毒のことは、明治一八（一八八五）年ごろから渡良瀬川沿岸の地元ではささやかれていた。この年に編纂《へんさん》された梁田郡朝倉村の「地誌編輯《ちしへんしゅう》材料取調書《ざいりょうとりしらべしょ》」には、渡良瀬川の「魚は鮎《あゆ》、鮠《はや》多く居りたれど明治十五年頃より足尾銅山工事開設以来右魚類更に相見えざりき」と記されている。同年八月一二日の『朝野新聞』は、「渡良瀬川は如何なる故にや、春来香魚《こうぎょ》少なく人々不審に思ひ居りしに本月六日より七日に至り夥《かた》多の香魚は悉《ことごと》く疲労して遊泳する能はず、或は深淵に潜み、或は浅瀬に浮び又は死して流るるもの尠《すく》なからず……斯《かか》ることは当地に於て未曾有《みぞう》のことなれば人々皆足尾銅山より丹礬《たんばん》の気の流出せしに因《よ》るならんと評し合へりとぞ」と報じている。

前年の暮には煙害が発生していたが、このころ鉱毒被害が目立ち始めたのは、明治一四年と一七年に有望な銅の鉱脈が発見され、産銅量が増加したためである。

作物への鉱害認識は、明治二一（一八八八）年の栃木県足利郡吾妻《あづま》村村長の上申書に、稲作の被害が本年から出始めたとあるのがもっとも古い。そして明治二三（一八九〇）年八月の渡良瀬川大氾濫は、だれの目にも足尾銅山の鉱毒を知らせるものとなった。すなわち、冠水した稲は立ち腐れ、桑木も八・九割方枯れてしまったからである。

こうした被害への取り組みは、地元の方が正造より早かった。その年の九月、足利郡毛野《けの》村の早川忠吾らは、渡良瀬川の水質検査を宇都宮病院調剤局長の大沢駒之助に頼み、大沢は飲用不適と認

渡良瀬川流域の麦畑　足尾銅山から流された鉱毒によって立ち枯れている。

定した。また一二月、吾妻村村長亀田佐平は、足尾銅山採掘停止の上申書を栃木県知事に提出した。同じ月、栃木県会も足尾銅山から流出する丹礬毒《たんばんどく》の除去を知事に建議した。明治二四（一八九一）年五月には、梁田・足利両郡の有志が足尾に出張して鉱毒の起因を調べ、帝国大学農科大学（現東京大学農学部）助教授古在由直《こざいよしなお》に鉱毒土砂の分析を依頼した。そして六月に、古在助教授は被害の原因が鉱毒にあると回答した。また同年一一月、有志によって『足尾銅山鉱毒渡良瀬川沿岸被害事情』というパンフレットが発行された。これはのちに頒布禁止となるが、かれらは『足尾之鉱毒』という雑誌を出版して抵抗した。

足尾銅山の歴史

それではここでかつての渡良瀬川沿岸がどれほど豊かな土地であったかについて紹介しておこう（この部分、日向康《ひなたやすし》『田中正造ノ

現在の足尾銅山　（著者撮影）

ート』田畑書店、八・九頁からの引用）。この地域の村々はかつて桃源境《とうげんきょう》のように豊かであった。それは足尾の山々に源を発する渡良瀬川が、氾濫のたびに上流から肥沃《ひよく》な腐葉土を下流に運んできたからである。そのおかげでどんな農作物もよくとれた。米は一反歩あたり一二俵半もとれ、麦は種をこぼしておくだけで一反歩あたり三石五・六斗もとれた。肥えた土地を好む菜種はとくによくできて、毎年四、五月の空は、菜種の花に映えて黄色く輝いたとさえいわれる。水にくぐっても枯れない藍が、この地方の夏作としてよく植えられた。川魚も豊富で鮒《ふな》や大鰕《えび》、ざっこ（雑魚）、鯰《なまず》、ぎんぎょ（鯰の一種）などがざくざくととれた。

生活に心配のない村人たちは、俗に「春遊び」とか「秋遊び」という年中行事を村中で楽しんだ。村のそばを流れる渡良瀬川では、江戸へ荷を出す二百石積みの高瀬舟《たかせぶね》が白帆に風をはらませながらのんびりと行き交っていた。まさに当時は楽園のような地域だったのである。

この楽園を一転、地獄におとした足尾銅山とはいったい何だったのであろうか。足尾銅山は一七世紀初頭の慶長期に発見されて以来、江戸幕府の直営のもと一七世紀なかばには最盛期を迎えたが、幕末期には衰退していたものであった。それを明治九（一八七六）年一二月、古河市兵衛が山主の副田欣一から四万八千円で買いとったものである。当初は、相馬家と志賀直道との共同経営、のちに渋沢栄一が加わったが、やがて明治二一（一八八八）年以降は、古河市兵衛一人の経営する銅山となった。

銅山の経営は初め赤字であったが、明治一〇年代にいくつかの富鉱《ふ》脈が発見されたことと、一般化した電力業のおかげで、電線や電気機器の基本原料として銅の需要がのびるようになった。さらに明治二一（一八八八）年、イギリスのマジソン商会とのあいだで結んだ巨額の輸出契約を完遂したため、古河市兵衛は厖大な利益を得、足尾銅山の経営は安定した。しかしその無理な生産増加が、そしてそれを後押しした明治政府の工業優先政策が地元に大きな被害をもたらすことになったのである。

鉱毒被害の拡大と政府の対応

足尾銅山はまず山と水に致命的な悪影響を与えた。山に対する悪影響では、銅精錬、そのほかに必要な木材を得るための山林の乱伐と精錬所から出る煙害による林野の枯死があげられる。その結果、渡良瀬川水源地の保水能力が低下して、大洪水の原因をつくった。水に対する悪影響では、坑道から湧出《ゆうしゅつ》した銅・硫酸・硫酸銅など有害物質を含む地下水が渡良瀬川に流れ出し、また選鉱・精錬過程で生じた大量の鉱滓《こうし》・廃石・鍰《からみ》などが渡良瀬川に投棄されて、これらから浸出する鉱毒が川の水を汚染した。

山と川に対する悪影響は、さらに渡良瀬川沿岸の人びとの生活全般に深刻な被害をもたらした。たとえば、それは農業と漁業に対する壊滅的な打撃であり、母乳の不足からくる乳幼児の死亡や病気の多発、学校の閉鎖、嫁入りの困難などであった。とりわけ被害地の娘が嫁に行けない事態はむごいものであった。松本隆海《りゅうかい》はこの事情を、「この辺の娘共は世間から嫌われ者となって、鉱毒地の娘だから身代《しんだい》はなし、衣裳はなし、身体が弱い、容貌は衰えて居ると謂《い》って擯斥《ひんせき》されて居る」と記している（「足尾鉱毒惨状画報」『足尾鉱毒亡国の惨状』所収、伝統と現代社　一九七七年刊）。

さて、さきに第二帝国議会で行った正造の質問に対して、政府はどのように答弁したか。農商務相、陸奥宗光《むつむねみつ》は議会の解散後、『官報』上で、鉱毒が被害の一原因であると認めたものの、それは公共の安寧《あんねい》を危うくするものでなく、その被害は足尾銅山の鉱業を停止させるほどではない。また既往の損害に対し、足尾銅山を処分する考えはないというものであった。銅山側でも外国から三種類の粉鉱採聚器《さいしゅ》を三〇台も購入して鉱物流出の防止に努めていると宣伝した。

銅山側が優秀な機器を多数購入したということで、被害民たちはこれで鉱毒が防止できると安心したが、この機器は鉱毒を防ぐためのものではなかった。さすがに正造は、このことを察知して、人びとにだまされないよう警告を発したのだが。

ところで正造が議会で最初に足尾銅山の鉱害を追及していたころ、地元では栃木県知事が中心になって、被害民と銅山側との示談契約をすすめていた。示談の内容は、明治二四年から二六年までの三年間の被害について金銭を出す。ただし、その間、被害が増えても苦情をいわないというものだった。その結果、微々たる示談金で栃木・群馬両県の四三か町村が示談契約を結んだのである。

第三議会で正造はふたたび、公表された帝国大学農科大学助教授古在由直や帝国大学医科大学教授丹波敬三《たんばけいぞう》らの科学的分析を根拠に、鉱害の原因が足尾銅山にあることを指摘し、日本坑法第十款第三項にもとづき、足尾銅山の発掘許可を取り消すよう政府に迫った。

しかし農商務相河野敏鎌《こうのとがま》は、被害程度が公共の安寧を危うくするものではないといってそれを拒否した。

政府側が冷淡だったのは、政府の高官と古河市兵衛とが姻戚《いんせき》ないし私的関係（農商務大臣陸奥宗光の息子潤吉が古河市兵衛の養子、翌年内務大臣となる原敬《はらたかし》が明治三八年に古河鉱業副社長に就任）にあった事情のほか、当時、銅が国策である富国強兵を達成するために不可欠な原料であったからである。農商務省鉱山局長和田維四郎は、「渡良瀬川沿岸の被害は、仮に足尾銅山より流出する鉱物のためなりとするも、足尾銅山より生ずる公利は、被害地の被害よりはるかに大にして、充分に損害賠償によって取消しえられるべきものなり」といった。このことばから政府が人民の生命より国の

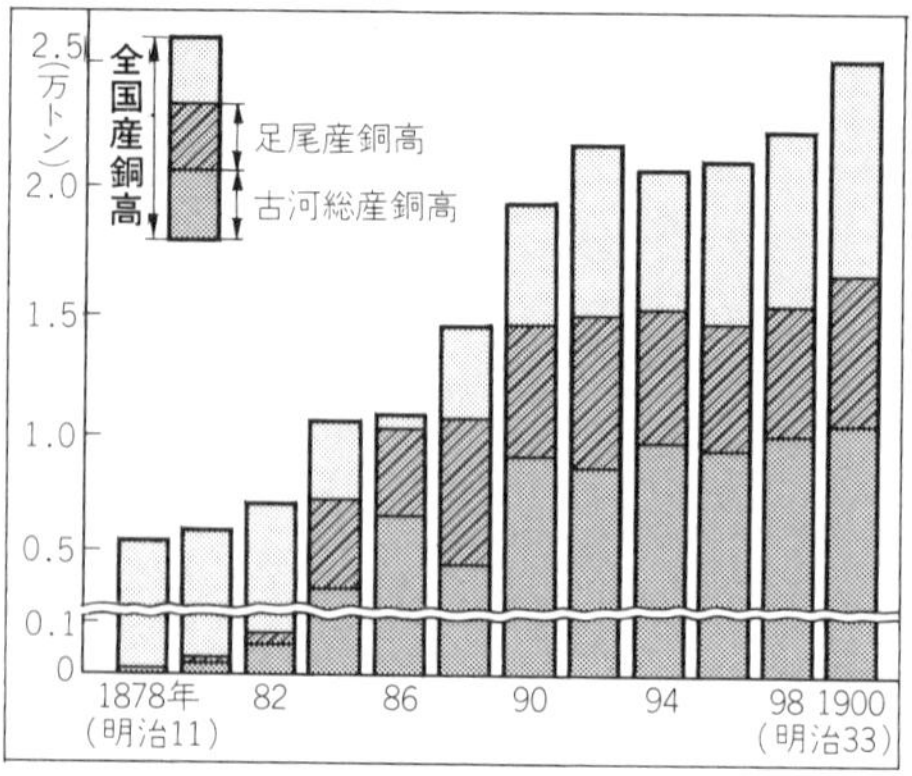

足尾・古河産銅高の推移　（古河鉱業株式会社編『創業100年史』より）

強大化の方を重視していたこと、また金銭で解決する問題と考えていたことから、被害民の心の痛みが少しも分かっていなかったことが知られる。

足尾銅山の重要性

当時の足尾銅山は上図に明らかなように、全国産銅額の約三割を占める日本で最大の銅山だった。この事情を足尾銅山側もよく知っていて、これほどに規模が大きく、重要な事業なのだから、多少廃棄物が出るのも止むをえないと聞き直るのがつねだった。反対する側でも、国策にはあらがいがたく、遠慮がちになることもあった。

結局、これは国の政策として工業と農業とどちらを優先させるかという問題でもあった。一般人のあいだでも工業優先を止むなしとする人が少なくなかった。正造の親友、島田三郎でさえ、足尾銅山の操業中止をあくまでも主張する正造に対し、鉱毒の予防さえすればすむと主張した（黒沢酉蔵「恩師田中正造先生（六）」『田中正造全集』『月報七』）。

第四議会から第八議会まで、正造は鉱毒事件に関する質問をしていない。それは明治二七（一八九四）年八月の日清戦争勃発で正造が政府に遠慮したのと、示談契約の進行で、被害民の反対運動が一時的に鎮静化したためである。

だが、小康《しょうこう》状態はすぐに破れた。明治二九（一八九六）年の七月、八月、九月と渡良瀬川が三度にわたって氾濫《はんらん》し、沿岸農村が大被害を蒙ったからである。群馬県邑楽《おうら》郡海老瀬《えびせ》村の松本英一は、九月八日の洪水の被害を、溺死《できし》五人、流失家屋一六戸、全潰《ぜんかい》七六戸等と記し、「農作物は泥土と鉱毒により腐れ、その悪臭は嘔吐《へど》を催す程であった」と日記に記している。

渡良瀬川沿岸の広い土地は二五センチもの毒土でおおわれ、農作物や桑が一面、黄色く立ち枯れた。被害は、東京・埼玉・千葉・群馬・栃木の五府県、一〇万五〇〇町歩に及んだ。その結果、古河の設置した粉鉱採聚器が鉱毒予防の役にまったく立たなかったことをだれの目にも明らかにした。

すると銅山側は三年間の契約のきれる前に、ふたたび示談でことを解決しようとした。しかも今度は将来永久に苦情をいわないという永久示談であった。それも示談金は前回のそれよりさらに低額だった。明治二八（一八九五）年三月、栃木県下都賀《しもつが》郡・足利《あしかが》郡の町村は、官憲の強要のもと、この屈辱的な示談契約をつぎつぎとのんでいったのであった。

この大洪水を契機に正造はふたたびはげしい運動を展開した。三度目の大洪水の直後、正造は足尾銅山の操業停止と人民多数の権利公益の保護を求める請願書を起草して被害地の人びとに配った。そこには鉱害が田畑の荒廃と収穫の減少といった目にみえる被害だけでなく、目にみえない人びとの権利と生命も侵害していることが指摘されていた。このときの正造の訴えは大きな反響をよび、被害民は古河との示談交渉を打ちきり、鉱業停止行動に立ちあがることになった。

農民の立ちあがり

被害民たちは明治二九（一八九六）年一〇月、鉱毒激甚地のほぼ中央に位置する群馬県邑楽《おうら》郡渡瀬《わたらせ》村下早川田《しもさがわだ》の雲竜寺《うんりゅうじ》に、栃木・群馬両県鉱毒仮事務所を開き、反鉱害運動の拠点とした。翌年二月には、東京にも正造の宿舎を足尾銅山鉱業停止請願同盟事務所として、地元との連絡場所にした。

前年の一一月二九日、安蘇・足利・邑楽三郡三八か町村の有志は、雲竜寺に集まって正造の起草した「精神的契約之事」に連署し、栃木・群馬両県の目的とする足尾銅山の鉱業停止とそれに関する請願運動の貫徹に邁進《まいしん》することを誓い合った。

地元の決意をうけて正造は、明治三〇（一八九七）年二月、共同提案者・賛成者あわせて百人以上という超党派的支持のもと、「公益に有害の鉱業を停止せざる儀につき質問」という発言をした。このときには被害をうけた米・大麦・芋・桑葉などの実物を正常のものとくらべながら、鉱毒の恐ろしさと政府の怠慢をきびしく追及した。さらに鉱毒による財産の損失、人間の諸権利、たとえば、公民権の喪失、教育権の放棄、結婚の困難まで生んでいることを指摘し、早急に足尾銅山を閉山にするよう要求したのであった。この演説は新聞を通じて広く国民の注目を集めたのである。

この正造の議会活動に呼応して、被害民七百余名が三月二日、第一回目の大挙請願（押出しとよばれた）を敢行《かんこう》し、議会や政府に請願した。

しかし政府はそれらに誠意ある回答をせず、具体的な救済措置《そち》をとらなかったので、怒った被害民たちは同月下旬に二回目の押出しを敢行した。かれらはこのときも議会や各省、それに各新聞社をまわって鉱毒世論の形成を要請した。

各新聞社では、それにこたえて新聞紙上で足尾鉱毒事件を報じるようになり、それに刺激されて政治家・知識人・キリスト者らが被害地をつぎつぎと視察し、各地で鉱毒演説会を開き、被害者救済の必要を叫んだのであった。

立ちあがる農民　（小口一郎版画）

憲政党への幻想

一方、正造は政府の要職者に足尾銅山の鉱業停止をといてまわり、農商務大臣榎本武《えのもとたけ》揚《あき》の被害地視察を実現させた。榎本は農商務大臣としては初めて、明治三〇（一八九七）年三月二三日、被害地を視察し、帰京した翌日、松方内閣内に足尾鉱毒調査会を発足させて辞職した。

調査会はやがて鉱毒除防工事を古河市兵衛に命じた。実はこの鉱毒除防工事命令は操業停止を狙っていたといわれるもので、それほどに古河側にとって苛酷な要求であったが、古河市兵衛がそれにこたえたために調査会の意図はついえたのである。もっとも政府の厳しい要求にこたえたとは古河側のことばであり、実際には手抜きの工事であったことが、命令の貫徹後も鉱毒のたれ流しがやまなかったことから知られる。またこの工事がいかに監督官庁となれあいで行われたかは、このあと工事監督の南挺三《みなみていぞう》東京鉱山監督署長が足尾銅山所長に就任したことからもうかがわれる。

明治三〇（一八九七）年の五月に鉱毒除防工事命令が出、それに古河側が表面上こたえたということで、鉱毒反対運動は下火になった。そして正造はまた政界で孤立した。

翌年の六月、正造の属する憲政党が政権をとり、正造は鉱害事件の解決に一縷《いちる》の望みをもった。しかし実際はどうであったか。それはこの年の九月、渡良瀬川の氾濫のあと、被害民一万余名のおこした第三回目の押出しに対する政府の対応ぶりに明らかである。

このとき正造は、警官や憲兵の厳重な妨害を突破して東京府下南足立郡淵江村まで押し出してきた二五〇〇名の被害民に対し、全員が東京に入ることは社会秩序のうえで不穏だから、代表一〇人を残してその他は帰郷するようにすすめた。そして正造は被害民に対し、自分が代表とともに政府に「加害被害の顛末《てんまつ》」を十分に説明し、もし政府がそれをきかないときは、議会でその責任を追及し、社会にその不法を訴える。またそのときは被害民の上京を含めて一緒に行動すると約束した。

またいまの政府は憲政党内閣だから、「諸君の政府なり、また我々の政府なり」、被害民の請願にこたえてくれるはずだと明るい見通しをのべた。

被害民たちは代表の数を五〇人に増やすことで正造の提案をのみ帰郷していった。しかし政府は正造の見通し通りに対応してくれたであろうか。内務大臣板垣退助は被害民との面会を拒否し、農商務大臣大石正巳《おおいしまさみ》は三度目にしてやっと面会に応じた。結局、被害民の声は政府を動かすことなく、正造が「我々の政府」と期待した憲政党内閣も、それまでの内閣となんら異なるところのないものであることを暴露した。

こうして正造の憲政党に対する幻想は破れ、やがて憲政本党からの脱党（明治三三年）となる。そしてこのときの被害民に対する約束不履行は、正造の生涯消えることのない大きな債務として残ったのである。

指導方針の変化

このころ正造はこれまで自らが指導者然として引っぱってきた鉱毒反対運動を反省し、これからは被害民自身の組織した「公議体」＝議会が自分に代わって運動を指導するように提案した。

自ら病気がちで、責任ある指導が難しくなったためでもあるが、この正造の提案は、指導者のあるべき姿（指導者倫理）からみるとき、画期的な指導方針の転換といえる。すなわち、それまでの自らの旧名主的資質に頼る名主的請願主義からの訣別《けつべつ》であり、衆のもつ集団の力の認識を意味するからである。

正造の呼びかけにこたえ、明治三二（一八九九）年一二月、鉱毒議会が結成された。鉱毒議会は三二歳までの青年を議員とし、それ以上のものは鉱毒委員とした。正造の青年に対する期待のあらわれをみることができる。正造の起草した規約草案の冒頭に、五箇条の誓文の第一条、第二条が引かれていることは、正造がなお五箇条の誓文の精神、つまり、君民共治に共鳴し、その精神にもとづく政治を理想としていたことを示している。

明治三二年一一月、第一四議会に出席した正造は、地元に対し鉱毒に恨みを残して死んでいった人びとの仇討ちのために、死者一人につき一人の請願を呼びかけた。それにこたえて地元では、翌年（一九〇〇）二月一三日、被害民の第四回押出しが敢行され、川俣《かわまた》事件とよばれる事件がひきおこされた。被害民数千人は警察の警戒線を突破し、苦労して渡良瀬川を渡り、利根川畔の川俣まで到着したが、そこで抜刀した警官一八〇名、憲兵一〇名によって四散させられ、永島与八ら指導者一五名を含む百余名が逮捕され、第四回押出しは失敗した。

亡国演説

事件の勃発に衝撃をうけた正造は、翌日の二月一四日と翌々日の一五日、たてつづけに「院議を無視し被害民を毒殺しその請願者を撲殺する儀につき質問書」など二回の質問に立ち、警察・憲兵の暴行を批判した。この批判の特徴は、それまでの正造の政府追及が、足尾銅山の鉱毒による人民殺傷を見逃していることへの批判であったのに対し、ここでは「官吏をもって人民を殺傷」させた政府の行為そのものに批判が向けられていることである。またそれまでの議会や政府に対する依頼の姿勢が、「もはや自ら守る外はない」という政府・議会への断念、つまり自力への覚悟に変わった点が重要である。これは正造における他力から自力への転換であり、後年、政府にも政党にも議会にも憲法にも裏切られ、もはや自力で被害民を守るほかないと悟って、谷中入りする動機となったものである。

憲政党への失望から、この第一四回議会で憲政本党からの離党を宣言する。それはこれまで自分の活動が、党派拡張のためとか選挙対策上、鉱害反対運動を利用しているとかいわれてきた誤解を晴らすためでもあった。

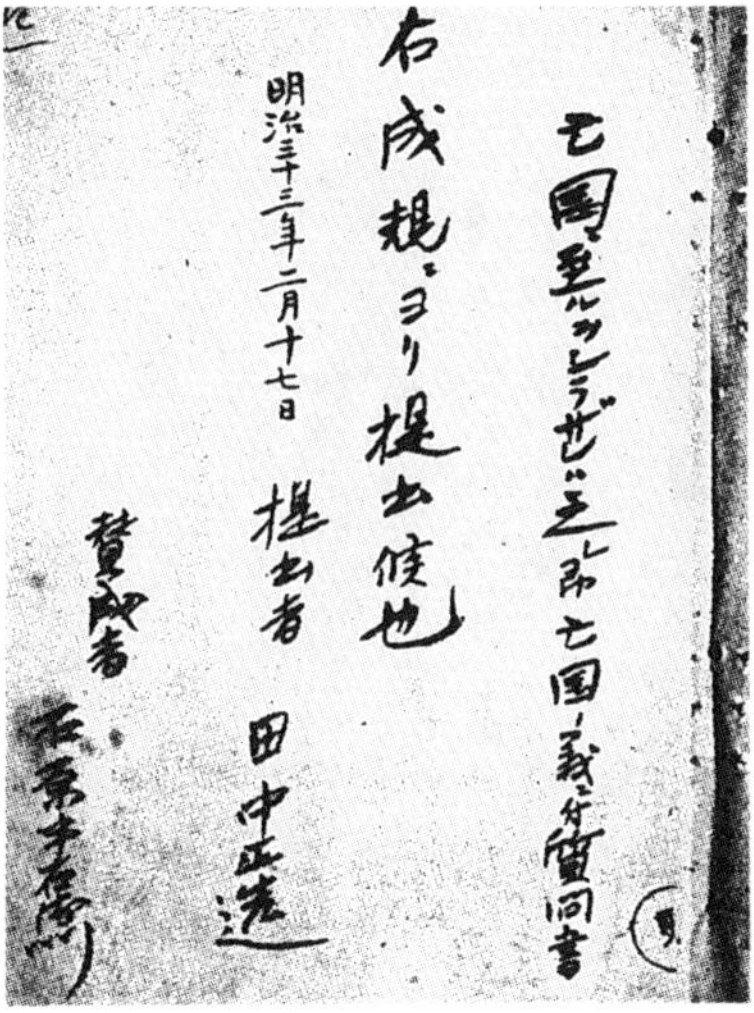

「亡国演説」の質問書

明治三三年二月一八日に正造の行った質問は、「亡国に至るを知らざれば之れ即ち亡国の儀につき質問書」という題から、亡国演説として有名である。その表題には、なおつぎの言葉があった。

民を殺すは国家を殺すなり。法を蔑《ないがしろ》にするは国家を蔑するなり。皆自ら国を毀《こぼ》つなり。財用を濫《みだ》り民を殺し法を乱して而して亡びざるの国なし。之を奈何《いかん》。

この演説理由はもはやいうまでもないが、足尾銅山が渡良瀬川沿岸の人びとを殺し、兵隊が請願途上の無力な被害民に銃を向けるということ、さらに政府が憲法を初《はじ》めとする諸法律を自分勝手に運用している現状は亡国と同じだというものである。

抵抗権思想

ここからかれの論理は一歩飛躍して、つぎのような抵抗権の思想を生み出した。

無罪なる人民――被害民――病気である人間が殺されないようにして呉れろと云う請願者を打殺すと云う挙動に出でたる以上は、最早《もはや》秩序ある運動が絶え切って居るのであるからして、自ら――自らを守るの外ないから自ら々々を守るの手段に於ては、如何なる事をするかも知れないのである

ここにみられる抵抗権の思想は、つぎの第一五回議会でさらにはっきりとした形をとるが、ここでは正造の抵抗権思想が他力の幻想に破れ、残るところ自分しかないという自力の自覚から生まれたことを記憶しておきたい。

さて、正造の亡国演説に対する政府の答弁は、「質問の旨趣《ししゅ》その要領を得ず、依《よっ》て答弁せず」という実に無礼なものであった。日清戦争の勝利に酔いしれ、アジアで唯一の帝国主義街道をつっ走

っていた明治政府には、正造の打ちならす「亡国演説」の警鐘が耳に入らなかったのであろう。

ところで川俣事件は百余名の逮捕者を生み、そのうち五一名が凶徒嘯集《しょうしゅう》の罪名で起訴された。そのなかにはほとんどの幹部が含まれていて、鉱毒反対運動は大打撃を蒙った。

明治三三（一九〇〇）年一〇月一〇日、第一審の前橋地方裁判所では、五一名中二九名が有罪とされ、第二審の東京控訴院ではわずか三名だけが有罪（それも形式的な）とされた。しかし被告団は全員の無罪を求めて上告した。

第一審の判決を不服とした正造は、公判中の傍聴席で大欠伸《あくび》をして抗議の意志を示したため、官吏侮辱罪に問われて起訴された。

正造は第一五回議会でも、多くの質問書を提出し、その理由説明を二回行った。そのなかでとくに重要なのは、さきの議会で頭を出した抵抗権思想がより明瞭に表現されたことである。正造はいう。もし、政府が古河市兵衛の指図をうけて、憲法で保償された人民の請願を妨害したり、被害民を捕えて牢へ入れるといった乱暴なことをするなら、それは「政府は人民に軍《いく》さを起せと云うことの権利を——軍さを起す権利を与えるのである（中略）政府の方から、軍《いく》さを政府に仕掛けても差支《さしつかえ》のないだけの権利を、人民に与えると云うことなれば、此政府は馬鹿政府と言わなければならぬ」と。この段階では、人民の政府に対する抵抗が権利として明瞭に自覚されている。正造はのちに谷中村に入って、自力で明治政府に抵抗するようになるのだが、そのときのかれの信念を支えるもののひとつがこの抵抗権の思想であったろうと思われる。

一方、このころ鉱毒に対する世論は盛り上がった。明治三三（一九〇〇）年五月、正造の働きかけで鉱毒調査有志会が結成され、鉱害反対運動を支援することになった。新聞もふたたび鉱害問題を大きくとりあげるようになった。なかでも毎日新聞に連載された松本英子の「鉱毒地の惨状」は読者に大きな感動を与えた。演説会は多くの聴衆を集めた。折りも折り、演説会を聞いた古河市兵衛の妻タメが、一一月三〇日、神田橋下で入水自殺をした。これが鉱害に対する一般の関心を一層あおった。

他力への絶望

第一五議会で人民の抵抗権を披瀝《ひれき》したあと、明治三四（一九〇一）年一〇月二三日、正造はついに衆議院議員を辞職した。憲法・政府・政党・議会といった制度を他力的に頼っても、問題が少しも解決しないことを県会議員以来二一年間の政治家体験が答を出したからである。かれがのちに政治家になって二〇年損をしたと後悔したのはこのためであったろう。

すべての制度に絶望したかにみえる正造にもひとつだけ最後の希望が残っていた。それはいったいなにか。それこそつぎにみる、辞職の年の一二月一〇日、第一六議会の開会式から帰る明治天皇に対して敢行された直訴であった。

三　直訴

直訴の決行

この日、正造は黒の綿服、黒の袴《はかま》、足袋はだしで拝観人のなかから飛び出し、直訴状を手に高くかかげつつ、「お願いがございます」と叫びながら天皇の馬車に突進した。あわてた警護の警官がこれをさえぎろうとして落馬。正造もつまずいて転び、警官に取り押えられた。正造は麹町《こうじまち》警察署に連行され、一晩とめおかれ、「狂人」として釈放された。

直訴文は正造の依頼で、当時、名文家として知られた幸徳秋水が執筆し、直訴の早朝、正造が訂正し、捺印《なついん》したものであった。

正造の直訴は社会に大きな衝撃を与えたが、それはあとにまわし初めに従来の直訴に関する定説に対する私の意見をのべておこう。

これまでの研究者はだれもが、正造の直訴の目的を正造の死による世論の喚起においている。当時、毎日新聞の主幹であった石川安次郎（半山）などは、つぎの「半山日記」にみる限り、正造の死を望んでいたかのようである。

幸徳遅く来る。呵々《かか》大笑々々。余田中に向て曰《いわ》く。失敗せり〳〵〳〵。一太刀受けるか殺さ〔れ〕ねばものにならぬ。田中曰く。弱りました。余慰めて曰く。やらぬよりも宜しい。

直訴する田中正造　(当時の新聞のさし絵)

正造自身、佐倉宗吾《さくらそうご》に共鳴するところがあり、このとき生命を捨てる覚悟で直訴したことは、妻のカツあての手紙で、「正造は今よりのちは、この世にあるわけの人にあらず。去る十日に死すべきはずのものに候。今日生命あるのは間違いに候」とあることからも明らかである。しかし自らの生命を捨てる目的は世論を喚起することにあったのだろうか。

私には以下の理由からどうしてもそのように思われない。まず、正造の尊敬した佐倉宗吾にしても、かれと同じように江戸時代の百姓一揆で死んでいった義民にしても、だれひとりとして世論を喚起すること(当時でいえば、領主や学者や周辺の百姓などの注意をひく、あるいは支援を得るなど)を一揆の目的としたのではなかった。かれらの死の目的はかれらと関係する多くの百姓の生命を救うことにあった。江戸時代の名主家に生まれ、名主的責任感をもつ正造が、その意味で江戸期の義民と共通する心情をもっていたことはいうまでもない。したがってその正造がただ世論を喚起するために自らの生命を賭けたとは考えられないのである。かれが生命を賭けた目的は、疑うことなく江戸期の義民と同じく、鉱害に苦しむ渡良瀬川沿岸の人びとの生命を救うところにあった。

ところが、この点、従来の論者は、正造が殺傷されなかったために直訴は失敗したという。これにはさきの石川半山の日記が大きくわざわいしていると私には思われる。なぜなら、正造が明治天皇に対して直訴を敢行したことの意味が不思議と看過されているからである。

私は正造の直訴については、正造が殺されなかったために世論が喚起できなくて失敗したという後段より、正造が明治天皇に対して直訴を敢行したという前段の方が重要だと思う。すなわち、人びとの生命を救いたいと考える正造が、自分の生命まで賭けて頼めると考えたのが明治天皇だった。明治天皇を「天皇陛下我先祖なり」と考える正造にとって、明治天皇はその子孫である国民を不幸にするはずがなかった。天皇が被害民の実態を知らないだけで、自分がその事実を伝えればきっと救済のために動いてくれると信じていたのである。つまり、天皇こそが正造の最後にたのむよりどころであった。ケネス＝ストロングは、正造が大臣に向かって、「真の国益のありかに思いを馳せないとすれば、大臣諸君は国の最高位者とは言い難い。我が国には未だ天皇陛下というものがあるということを忘れないで貰いたい」といったと書いている。

直訴の目的

したがって直訴の目的は直訴状を天皇に手渡すところにあった。その証拠は、正造が「滑稽新聞第二〇号（明治三四年一二月二〇日）」に、「言論も運動も訴訟も請願も遂に被害地救済の為めに充全の目的を到達すること能《あた》はず、事既に此《ここ》に至る。唯最後の手段に訴へて聖代雨露の恵を仰ぐべきの一事あるのみ」という一文を寄せたところにみられる。このことは当時、多くの人に自明のことであった。岡田常三郎の『空前絶後の大椿事《ちんじ》』は、正造が取り押えられたとき、「訴状は　陛下に棒呈《ほうてい》(ママ)する初一念なれば断じて他に渡すこと相成らずと堅く拒みて已《や》まざりし」であったとかいている。

正造に直訴状をかいてやった幸徳秋水が木下尚江《きのしたなおえ》から非難されたり、それに秋水があの哀れな老人から頼まれたらいやといえないではないかと弁明したこと自体、二人とも正造の直訴の目的が天皇の仁慈《じんじ》の獲得にあったことを承知していた証拠ではないか。社会主義者である二人には、天皇の仁慈にすがることに抵抗があったろうが、主義よりも実効を重視する正造には、天皇の仁慈にすがることはけっして不名誉なことでもなく、むしろ江戸時代の義民の伝統にもとづく当然の行動なのであった。

さきの石川半山の日記中にある半山の「失敗せり」という言葉に対し、正造が「弱りました」といったのを、多くの論者は自明のように死ぬことができなくて世論を喚起できなかったことへの失望とうけとっているが、私はこの「弱りました」という言葉の意味は、直訴状が天皇に渡らなくて弱ったという意味だと考える。直訴直後の毎日新聞は「(謹奏状を)投げ入れることも出来ず、殺されもせざりしは遺憾なり」とかいているが、直訴状を天皇に手渡しできなかったことも「弱りました」の内容なのである。従来の定説のように「殺されざりし」面だけを「弱りました」の内容と考えることは一面的である。

たしかに正造は半山にすすめられて直訴を決意したが、その胸の内は半山のそれとちがっていた。正造は半山の計画にのったふりをして、半山と秋水の協力をえ、最終的にはかれらとちがう目的（天皇への直訴状の手渡しとそれによる被害民の救済）を果たそうとしたのである。この態度には東海林吉郎氏のいう正造の「戦略家」としての面目が躍如としている。

さらに論者のすべては、正造の想いが天皇に届かなかったと考えているが、そうでもないふしがみられる。まず、天皇は明治三〇年段階で足尾銅山の鉱毒を憂慮するあまり（『明治天皇紀』第九巻、二三二・三頁）、同年四月、群馬・栃木・埼玉・茨城県の知事に足尾銅山の鉱毒について詳しい報告を命じている。また正造自身の談話として、『空前絶後の大椿事《ちんじ》』は、直訴のとき、馬車の窓は半ばあいており、「畏《かしこ》くもありありと天顔を拝し奉り、恐懼《きょうく》措《お》く所を知らざりしが、陛下におかせられても此正造を熟々《つらつら》と御覧なせられ玉ひぬ」という言葉をのせている。また同書は直訴直後に騎兵隊将校が侍従長の命で正造の名刺をうけとったことについて、「畏《かしこ》き辺《あたり》の御思召にやあらんなど恐察し奉るものあり」と書き、それが天皇の指図によったことを暗示している。天皇が正造と足尾鉱毒事件について知っていたことは、内務大臣原敬が明治四〇（一九〇七）年七月三日の日記のなかで、「栃木県谷中村残留家屋十三戸破壊の情況を奏上せり」とあることからも明らかである。石川三四郎の「田中正造翁の思い出」も、「明治天皇はいつぞや〇〇の停車場で、ふとあれは田中じゃないかとおそばの者に聞かれたという。陛下もよく翁を御存じであったようである」と書いている。ケネス＝ストロングは、『田中正造伝』で、「天皇は伝えられるところによると、この事件に心を動かされ、田中の間違いは、ただ、場所を選ばなかっただけだと述べた」と記しているが、その典拠は示していない。また同書は、明治三〇年三月三〇日の侍従の被害地視察を、「天皇自身の命令によると思われた」といっている。もしそれが事実なら正造の活躍が天皇の耳に届いていたことになる。

直訴の反響

さて、正造の直訴の反響は大きかった。このこと自体、世論を喚起するために正造の死を必要としなかったことを示している。田村紀雄氏がいうように、正造の直訴状は、天皇の手へは渡らなかったが、世論には渡ったのである。

反響はまず新聞紙上にあらわれ、全国で正造の行動が話題になった。被害地を視察に訪れる人はふえ、だれもが被害民救済を叫んだ。各地から義捐《ぎえん》金が続々と集まり、被害民を感激させた。岩手県の一中学生であった石川啄木が新聞配達で得た金銭を義捐金としてさし出したり、東京帝国大学の学生だった河上肇《かわかみはじめ》が演説会のあと、身につけていた外套《がいとう》や羽織・えり巻を脱いで寄付し、さらに下宿へ戻ってから、衣類を残らず行李《こうり》につめて事務所まで送り届けたのもこのときのことであった。

被害地救済の支援活動は急速に盛り上がりをみせた。各地で講演会が何度となく開かれて人々の関心を高めた。とくにキリスト教徒の活動がめざましく、潮田千勢子《うしおだちせこ》を中心とする鉱毒地救済婦人会は演説会で義捐金を募って被害地に送ったり、東京に被害地困窮者の子女を収容して養育にあたった。

それに刺激されて仏教徒も鉱毒被害地救済仏教者同盟を結成し、現地を視察したり、義捐の金品を現地に送ったりした。またかれらは現地に施療院《せりょういん》を三か所設けて鉱毒による病人の治療にあたった。

その一例であるが、明治三五（一九〇二）年一月二二日、古河《こが》出身の真言宗豊山《ぶざん》派の僧侶で、『加持世界』の編集人である小林正盛は、岩佐大道とともに被害地を視察してまわった。その動機を「婦人救済会が日夜奔走して、この事に尽されつゝあるのを見ては、居ても起ってもをられぬ《（ママ）》という仕誼《しぎ》である」と告白し、帰京後、「鉱毒被害民救済義捐金募集」の檄《げき》をとばした。被害地の惨状に対して、かれがうけた衝撃はつぎのごとくであった。

野沢要次郎これがひどい、唐黍《とうきび》で葺《ふ》いた芋小屋の様な、既に人家と云う資格でない一間四方位の家、中には何も道具らしいものが見えない。（この人は）藁《わら》しべの中に臥せて居る。ぢかに地面の上に寝て居るといふ始末だ。上には薄い〱着物をつけて其の上には荒筵《あらむしろ》が寒被《かんおお》いを

人畜に及ぶ被害（小口一郎版画）

しておる。側によって見るともう見る方で涙がこみ上げてきて、どうございますとも何とも頭が上がらない。白髪まじりの老爺さんが殆《ほと》んど凍《い》て死なん斗《ばか》りである。あ、どうしたものであろう。天災、人禍、この一身に□（?）るという地獄の現相もこの間の様を見ればすぐに想像させらる、。何たる惨絶、悲絶であろう。叫喚《きょうかん》の状、苦《く》悶《もん》の態《てい》、自分はこ、に至って、身も心も茫然として泣きすくんでしまった。すこしもうそではない。

正造の直訴に衝撃をうけた東京府下の学生たちも鉱害反対運動に立ち上がった。直訴直後の一二月二七日には、千人をこえる大学・専門学校・中学校の学生が、木下尚江・内村鑑三《うちむらかんぞう》らに引率されて被害地を視察した。帰京後、かれらは学生鉱毒救済会を結成し、路傍演説を実施して、市民に大きな影響を与えた。一方、東京府知事や文部省は、学生の被害地視察や路傍演説を政治にかかわるものとして禁止した。学生側はそれに反発して対抗した。路傍演説の発起人、大亦楠《おおまたくす》太郎《たろう》は、明治三五（一九〇二）年一月八日、当局に対し、遊里や寄席に出入りする学生には注意を与えず、われわれのような人道上からする窮民の救助活動をなぜ禁止するのかと抗議した。また文部省の学生弾圧は、「権利自由を妨害したるもの」で、「立憲政治を無視し、憲法を蹂躙《じゅうりん》したるものなり」と、立憲主義を楯にとって抵抗した。これら学生の動きを擁護する学校側や有識者の動きもあった。たとえば、明治女学校校長代理の福迫《ふくさこ》亀太郎《かめたろう》は、学生の自主的な動きを法律や警察力で干渉するのは、「教育上より観察するは甚不可なり、寧ろ奨励の方針を取りたきもの」と主張した。

文部省の禁止令にさからって帝国大学生ら有志二五〇余名は被害地の視察を敢行したけれど、当局の弾圧はつづき、やがて学生らの抵抗は終焉《しゅうえん》した。

この時期の特徴

以上にみた第二の時期、正造が栃木県の県会議員になった明治一三（一八八〇）年から、直訴を敢行した明治三四（一九〇一）年までの二一年間、正造の思想は自立性、他力性という観点からみるとどういうことがいえるであろうか。

この時期の正造には、天皇・国家・政党・議会・憲法・法律といった制度にたよって、鉱害問題を解決しようという他力的な性格が強い。正造が政府への対策として、終始一貫、合法的な請願運動をとったのも、こうした各種の制度に対する幻想があったためであろう。つまり、非合法で過激な方法をとらなくても、理を尽くせば制度がこたえてくれるという甘さがあったのでないか。

一方、かれは指導者として民衆と向きあった場合には、被害民を救済してやる、指導してやるという上からの指導者意識が濃厚であった。これは別の言葉でいうと、愚民意識に発する民衆の力への不明・軽蔑であった。かれが問題解決の方法として、民衆という集団の力を使おうとせず、いつも政界の有力者を個人的に歴訪しては、その人のもつ個人的な力に頼ろうとしたのはこのためである。この点で、かれはボス交渉が有力であることを信じて疑わない古い型の政治家であった。もっとも明治三二（一八九九）年ごろには、「公議体」中心の運動を提案して、「衆」の力にたよったときもあったが、この時期の正造を総体としてみればこの特徴が強い。

こういう政治思想と指導者意識で、この時代の政治や民衆は動くものであろうか。制度に対する幻想がすべて崩壊したことはすでにみたので、つぎには、かれの指導者意識が渡良瀬川沿岸の被害民からどのような対応をうけたかについてみていこうと思う。

III　思想の展開期㈡　――自力依存――

一　指導者と民衆

さきにみた他力依存は、正造の上（為政者・権力者）に対した場合の特徴である。それではかれが下（民衆・被害民）に対した場合にはどういう特徴がみられたであろうか。

被害民の態度

正造は鉱毒反対運動に文字通り生命を賭けた。その決意のほどは、すでに明治三一（一八九八）年九月一三日、小中村の有志数十人を前にして話したつぎのことばに明らかである。

正造は被害民のために奴隷たるものなりとの趣旨を述べて、諸氏にも村中細民愚民の奴隷たるを希望する

それでは正造のこの熱意は、そのまま人々にうけいれられたであろうか。正造の働きかけに対する人びとの反応を、以下、関東地方、鉱毒被害地、谷中村の順にみてみよう。

［関東地方］ 関東地方の男子のだらしなさを正造は各所で批判している。「関東は日本第一の腰抜けのみ」のように。これは関東人が進取の気質に欠け、誘惑に弱いからで、この性格は、幕府のお膝元ということで大事にされた近世の三百年間にでき上がったと正造はみている。

関東のなかでも、正造の故郷である栃木県の人間がとくに批判されている。たとえば、「人と共に行き、人行かざれば我も行かず」とか、「果断決行の勇気精神に乏しきのみ」とか、「下野《しもつけ》の人にしてよい事を云うと忽ち攻撃せられる（中略）よって爾来《じらい》よい事を為すものなし。又云うものなし」のように。独立心や自主性のなさが正造には残念なのであった。

［鉱毒被害地（渡良瀬川沿岸）］ それでは足尾銅山の鉱毒を直接蒙った渡良瀬川沿岸の人民は、正造の働きかけをどのようにうけとめたであろうか。結論からいえば、その姿はさきの関東地方の男子と大差なかった。

正造の書簡によれば、鉱毒をうけているにもかかわらず、鉱毒に無関心のものや、逆に鉱害反対運動に反対するものが少なくなかった。豆のあと桑を植えて成功したのは底土のせいだのに、それを鉱毒のおかげと考え、「鉱毒大明神様」とか、「古川（河）大明神様」とかいうものさえいた。

被害民の政府に対する従順ぶりは、被害地の視察に来た他県人から忍耐強いと感心されたが、正造にいわせれば、「是れ実に両岸人民の気骨のなきに呆《あき》れたる」を意味するのだった。明治三二（一八九九）年二月、正造は山口県人から請願書が両院あてに出されているというのに、激甚地の足利町では「憤発するものなし」と嘆いている。

このころまでの鉱害反対運動は正造の主導型で、地元はそのあとについていくだけであったらしい。正造が「選挙には田中が一番多く運動して歩行《ある》く。直接鉱毒は諸君の問題なり。諸君が田中よりも多く運動すべし。御心得違なきを祈るなり。天地間に神が見て居るぞ」といっているからである。

こういう地元の状態では、正造も指導する意欲をなくしたことであろう。明治三一（一八九八）年一〇月には、「我おもうほどこそ人はおもはざり」と失意を日記に書いている。また同年二月一七日の川俣久平あての書簡では、「身体疲れて年また老へ(ママ)たり、嗚呼《あゝ》、唯《た》れ人か早くこの労苦に代るものなきや」と疲労を訴えている。同三三年二月二三日の「おう雨にうたれたたかれ行く牛しの(ママ)車のあとやあわれなりける」の歌でも、自らの苦労を牛車のあとにたとえ、それが雨で消されていくはかなさを嘆いている。同三四年四月二二日には、無害地の世間一般が自分を信じてくれるのに、肝心の「被害地の人々にして却《かえっ》て正造の申す事をば信ぜざるに至り（中略）悲むべきは被害地人のしだらなし、予等流涕《りゅうてい》これを救うの術に苦めり」と悩んでいる。

明治三六（一九〇三）年ごろから鉱毒反対運動は低調になった。その一因は前年の山崩れで、無毒な山土が沿岸地方を覆って鉱毒が消滅したようにみえたためである。世間ではもう鉱毒はなくなったと錯覚する人もあった。同四月の山田郡では、多くの人が鉱毒運動に反対で、「毒を苦にせず、正造の演舌《(ママ)》も必用《(ママ)》に感ぜず」であった。

〔谷中村〕　それでは足尾鉱毒事件で最大の被害をうけた谷中村はどうであったろうか。実はこの谷中村が他の村以上に正造を手こずらせたのである。この村に正造の考え通りに動かない人が大勢いたからである。

明治三七（一九〇四）年八月一三日、正造は、「谷中村にてすらも鉱害の毒と云う事を忘る。百人中九十九人は只水害と云う。甚しきはその心もまた真の水害にて、少しも鉱毒を意味せざるまでに間違へ《(ママ)》居れり。これを発見しては又予等の驚愕《きょうがく》措《お》く能わざる処なり」と、鉱毒を深刻にうけとめない谷中村住民の実態に驚いている。

明治四五（一九一二）年二月、このままでは「谷中の滅亡も、谷中人民は政府恨みず、これまた奇怪《きっかい》の観なり」と正造は嘆いた。

このころ多くの谷中村人民はわずかの補償金をもらって四方へ散らばっていった。政府の買収に傾いた人びとには、正造の激励はただうるさいとしか思えなくなったらしい。正造と村人のやりとりを後ろからみていた島田宗三《しまだそうぞう》は、「老令の翁はずいぶんと可哀相でした」と述懐している。

谷中村民と正造

谷中村人民と正造との意識上のズレは最晩年までつづく。正造はふつう谷中村人民にもっとも同情的であったと考えられやすい。しかし本人は大正元（一九一二）年一一月一一日、それを否定して、「むしろ大薄情と云うもか（可）なり」といい、その理由を「谷中人民人情に薄ければなり」といっている。

結局のところ、正造の努力はその努力にもかかわらず、正当にうけとめられなかったということができよう。そのためかれの心はいつもみたされず、それが地元への叱責や批判、いらだちとなってほとばしり出た。そしてそれがまた地元の人々から誤解され、正造から離れていく人を生んだ。木下尚江は正造と村人との関係を「実際翁と村民とは呼吸が合わぬ、翁が激しても怒らない。笛吹いても躍らない」と観察している。まことに民衆運動の指導者のあり方は至難といわざるをえない。

二　不反応の思想的背景

政治的無関心　正造はいつも民衆の政治的無関心を嘆いている。「鉱毒水害地方人民、すでに参拾年欺《あざむ》かれて尚これを覚《さと》るの智恵なし。これを何にたとへん。人にして無感覚のものは何を説くも耳に入らず、目にも入らず。目なき耳なきものには、いかに説くも無益なるが如し」のように。「村民は至愚、道理しらず」と正造がいうときも、至愚や道理の内容は、政治的無関心であることが多かった。

ただ、注意を要するのは、明治時代の民衆がいつも政治的に無関心ではなかったことである。実は、明治の初年から二〇年代の初めまでは民衆の政治的関心はひじょうに高かったのである。正造が栃木県会議長であった明治二一（一八八八）年一二月、県会の傍聴希望者は「老弱《ろうにゃく》挙げてどしどし参り」、正午には満員となり、「立錐《りっすい》の余地なき」ほどで、政治思想が急速に進歩したと正造も驚いている。同二八年三月には、「今日下女下男も又多少政治論を云々《うんぬん》す」といっている。

これは第二編でもみるが、幕末期以来の民衆の政治的主体性が、五箇条の誓文で確認され、国会開設要求と自由民権運動の高揚で高まったものである。しかし折角《せっかく》のこの機運も、国会の開設が約束され、明治憲法が制定され、明治政府の基盤が固まっていくにつれて急速にしぼんでいった。この政治的関心の顕著な推移は、正造が明治三四（一九〇一）年二月、十年前までは「競《きそっ》て傍聴に出かけ、日に〳〵その入場券を得ざることを憾《うら》み」としたのに、現在では議員から傍聴に来るよう催促されるようになったと述懐しているところに明らかである。

正造は明治初年にみられた民衆の政治的関心の高揚を、「日本は文化文政に亡びたり。維新は皮下注射の如し。故に我文明は仮りなり」と、注射で一時期、元気になったあだ花とみなしている。そして日本人の政治的無関心を明治以前の数百年、「人民と云うものに政治を執らせない」できた政治体制のためと考えている。

結局、明治時代後半の日本人は民権思想をもたない明治時代以前の時代に戻ってしまったというのが、正造の同時代観だった。折角、制定された憲法も「二十年をへて少しも消化せぬ」と慨嘆し、明治四〇（一九〇七）年七月二四日、正造は自分の努力の報われなかったことに、「今年六十七まで何をなしたるや」とうめいたのである。

官尊民卑

明治の民衆は政府をあたかも自分の親のように信用した。谷中村に居すわって政府に抵抗した残留民でさえ、「政府を信ずること今尚父母の如し。たとへ追わる、も殺さる、もこれは天災なりとして父母を疑わず。世の子たるもの父母を信ずる如くして疑わず」であった。

政府を親のように信ずる民衆の傾向は、官尊民卑の性向を強める。明治一七（一八八四）年八月、正造は「数百年来の慣習下等社会に至りては殆《ほと》んど官吏を見ること鬼神の如く、これを敬しこれを礼したゞ命の恐受《きょうじゅ》するは下等一般の風俗なり」と当時の風潮を記している。

地方官吏が中央官僚の意のままになるのも官尊民卑のあらわれである。明治三〇（一八九七）年一〇月、正造はこの傾向を、「地方警察官の道理に暗く事理を解せず誤ちて中央の意を迎うるの弊は、かえって中央政府をして不明の名を負わしむ」といった。

地方警察菅の民衆に対する乱暴・虐待なども、一般的な官尊民卑の風潮を基盤にしていたにちがいない。明治三三（一九〇〇）年の川俣事件で、警官が「土百姓《どびゃくしょう》、土百姓」といいながら民衆を撲《なぐ》ったのは、ふだんから「土百姓は人間でないように常に話で耳に聞いて居るからして」つい口に出たものであると正造は考えた。こうした官尊民卑の思想が「誰の頭にもその一割づゝある」と、正造は明治四〇（一九〇七）年にいっている。

服従

官尊民卑の心情は、官に対する服従の姿勢を生む。明治一七（一八八四）年八月、正造がすでに郡長・戸長の命令を県令の命令、県令の命令を政府の命令と考えて、「只《ただ》命これ従うは穏和従順なる良民の風俗なり」といっているので、当時の民衆が官吏の命令に従順であったことが知られる。この傾向はその後もつづいたようで、明治四二（一九〇九）年にも、「此度の問題（谷中村の遊水池化案…注）に付いても温良で今も二百年前の人民で、泣く子と地頭には勝たれぬのなんのと太古のこの良民で遠慮は深い」といっている。

正造はこの性格が歴史的に形成されたとつぎのようにいう。

我日本の国民が古来より専制圧制の下に生活して干渉せらるゝになれ、干渉なければものを忘れたる如く、干渉せらるるは何やらこゝちよきまでに慣れて……

その結果、「何事を為しても日本国民は柔和にしてどういうことをしても黙許して居る人民であるから、益々銭儲けをするに宜しい」と考える人が出てきてもおかしくない。その典型が足尾銅山の経営者、古河市兵衛その人であった。

永久示談の強要（小口一郎版画）

利己主義

正造がいつも声を大にして被害民を叱ったのは、被害民が自分の利益を中心に行動する点であった。これを正造は「東洋の弊風」とよんだが、正造には谷中村の人たちが足尾銅山側の「免租は最早だめだから早く示談金を取るのが第一番だ」というすすめにのって、金をとることに右往左往する状況が残念でならなかった。かれは早くから「金を取るべからず。土地の権利を復せ。金少しく来れば騒ぎ、毒多くも驚かず」と警告していたが、結局は効果がなく、明治四二（一九〇九）年八月、わが日本には「只専心一意の我利々々《がりがり》亡者《もうじゃ》のみ」と慨嘆しなければならなかった。

正造の必死の努力にもかかわらず、鉱毒反対運動は正造の晩年にかけて停滞したが、その第一の原因は被害民が私利への誘惑から買収に応じたためであった。そのことは大正二（一九一三）年四月二日のつぎの文章に明らかである。

> 去る二十三年五月以来屢々《しばしば》人民蜂起千万人を以てせり。而《しか》も今は一人の声だもなし。これ皆人心買収の魔術によれり。

公利と私利

当時の人びとが利益誘導に弱かったということは、とりもなおさず自分以外の他人の運命に冷淡だった。つまり、公共心に乏しかったということになる。谷中村の滅亡に周辺の町村が冷淡だったのは、谷中村の犠牲で自分たちが洪水からまぬがれると信じたためであった。この事情を正造はつぎのようにいう。

谷中村は大村なり。一目一千二百町平野なり。これを瀦水池《ちよすいち》となさば、渡良せ川（ママ）沿岸悉《ことごと》く洪水の憂《うれい》を免《まぬ》かるゝなりとの流言百出せしまゝ、治水地理に暗らき（ママ）沿岸村々無知識の農民は勿論、谷中村周囲近接の村々は、皆喜んで谷中瀦水の一日も早く成功せん事をいのれり。

公共心の涵養《かんよう》は早くから叫ばれていたことのひとつである。たとえば、明治三四（一九〇一）年四月三日、読売新聞紙上で、正造は「好い地面でも肥えて居る土地でも、又実に国家の宝という程の大切な土地でも、他人のものだから悪くなるのは構わない、こういう公徳の欠けた不都合のことをしてはならぬ」といった。こうした主張にもかかわらず、日本人は一般的に公共心を欠いたままで推移した。明治四〇（一九〇七）年にもなお「一般社会公共の心あるにあらずしてさゝい（ママ）の如し」といわなければならなかった。

正造にはなぜ人びとが公共のことがらに関心をもたないのか理解できなかったであろう。なぜなら、かれは「人のためは皆我ためとなる」と信じていたからである。やがて自分のためになることを人はどうしてしようとしないのか、すべてを投げうって鉱毒反対に挺身した正造には不可解なことであったろう。

自利についての考え

ここで一つ注意しておきたいのは、正造が自分の利益・都合・幸福を犠牲にして他者のそれにつくせといっているのではないことである。正造は他者の利益・都合・幸福を大事にせよというが、自らのそれより優先させよといっているわけではない。明治三三（一九〇〇）年八月一六日のつぎの文章などからすると、あくまでも自らの利益・都合・幸福を基盤において、他者のそれを大事にせよといっているのである。

> くれ〴〵も人のためにあらずして、自己のために尽すべきなり、又天地のために尽すべきなり、村中のためにも尽すべきなり。然れども自家の第一にためたるを本とせざるべからず。

かれは自らの利益・都合・幸福に対する関心、つまり、利己主義をすべて頭から否定しているわけではない。利己主義は利他主義の不可欠の基盤として認められ重視されているのである。この点は日常生活の実際から思想をつむぎ出す田中正造らしい思想といえる。

その点で、私利が集まって公利になるというつぎの思想も注目される。なぜなら、国を構成する国民の幸福があってはじめて国の発展もあるという現在の日本国憲法の基本的精神が、すでに正造の思想のなかにみられるからである。

> 利己主義は前の箇《ママ》人主義の如く政治的に用ゆるの語にあらずして処世の主義なり。私利集まっ

て公利となるが故に各々左右を省りみずかせぐべし。利他主義に附して用ゆ。

三　指導者のあり方

正造への批判

すでにみたように正造は、関係する人びとをよく批判・非難したが、かれらの側でも正造をきびしく批判した。

【一般的批判】一時期、正造の片腕となって働いた黒沢酉蔵《くろさわとりぞう》は、正造に対する一般的な風評をつぎのように述懐している。

田中先生が議会で鉱毒事件をいくらとりあげても、政府は本気にならない。それどころか、田中先生は鉱毒問題を政党の拡張に利用しているとか、政治運動の道具にしているとか中傷する人があとをたたなかったのです。

こういう批判を断つために正造が憲政本党から脱党したり、国会議員を辞職したことはすでにのべた通りである。

【村人の批判】地元の指導者のなかには、正造を冷笑し、八方美人、忍耐なしと批判するものが何人もいた。また「今よりは田中に反対すると吹聴《ふいちょう》して歩行《ある》く」ものもいた。明治三七（一九〇四）年の鉱毒九か村では、「正造を見る事鉱毒壮士の食いつぶし」のようであった。同年一一月には、

「田中正造が過大過激危激の言論を為すために、却《かえっ》て衆の疑を来せしより、この問題の進路を妨げたる」という意見が出され、「忽《たちま》ちこれに同ずるものある如し」と同調する動きがあった。こうして被害民の正造評は、「こわい、やかましい、面倒な、頑固な、きたない、貧乏な、いやな親父《おやじ》なり」であった。

正造に対するもっとも激越な非難は、明治四二（一九〇九）年六月二〇日付の増田清三郎の手紙であったろう。増田はこの手紙で正造を、「をに《(ママ)》であるか、じゃである、盗賊である（中略）貴君は小生を口車にのせて家内九人をひぼしでころす」と、口をきわめて非難している。内容はよく分からないが、正造に頼まれて貸した金銭が返済されないことによる腹立ちのためらしい。

こういう多くの事実を知ってみると、正造がさまざまな中傷や誤解や妨害のなかで、ひとり悪戦苦闘していたことが知られる。

それにしても自分たちのために献身的に尽くしてくれる正造を、なぜ、とくに地元の人が悪くいうのか。これは一見、不可解なことである。菅井益郎氏はその理由について、百姓一揆で処刑された義民に対する村人の心のなかの葛藤に近いのでないかという。つまり、被害を軽減してくれた正造には感謝するが、適当なところで妥協して日常の生活に戻ろうとするかれらを裏切りと称して非難する正造には、それ以上ついていけなかったのだろうと。

【知識人からの批判】　正造の人並みはずれた情熱と行為は、東京の同志や知識人からも批判をうけ

木下尚江

ることがあった。

　明治三五（一九〇二）年一二月三〇日、正造は匿名の忠告人から、正造のかいた批判文のために、「東京方面有志者は君の為めに感情的大破壊し居れり。又地方も然《しか》り。君は何《いず》れの成案ありて一人にて此《この》大困民を救わんとするか。我々は大《おおい》に疑うて止《やま》ず」という手紙をうけとった。正造の歯に衣をきせない率直な意見が同志のあいだで大きな波紋を生じさせていたことが知られる。

　志賀重昂《しがしげたか》から「今日の大問題あり。鉱毒事件の如き一局部の問題に汲々《きゅうきゅう》たるべからず」と批判されたこともあった（明治二九年）。足尾鉱毒事件は大被害を出しているにもかかわらず、問題の場所が栃木・群馬・埼玉・千葉県の県境にあるために、一局部として軽視されやすかったのである。この志賀の批判に対し、正造は「鉱毒問題の如き三十万の人民四万町の被害の如き、決して区々たるの問題にあらず」と反論した。

　著名な在京の知識人、それもクリスチャンたちとのあいだで、正造の闘争方針への不満が生じた。そのひとつは、正造の卓越した指導力がかえって地元民の自治の精神を弱めているのではないかという指摘である。明治四〇（一九〇七）年七月一九日、木下尚江はクリスチャンの逸見斧吉《へんみおのきち》あての私信のなかで、「今日まで彼等は翁の命令的態度に慣れ来りて自決と言うことに不経験なれば、この大機に際して彼等の精神に一大転化を与えざるべからずと思う」と、正造の指導力の大きすぎることを心配している。

もう一点は、正造のどこまでも妥協・和解を拒絶して、問題の根本的解決を図ろうとする方針に対する批判である。さきの逸見斧吉は、明治四四（一九一一）年七月一五日、島田宗三への手紙で、「和解に反対といふ事はむしろ当然でしょうが、しからば継続進行の外ありませぬか知ら。進行するとせばその方法に名工風(ママ)がありますかしら。私一個の思いますには、この際村の方々が全く県を対手にする事を止めて、只々独自一個を開拓するという工風(ママ)にうつられる事が肝要ではあるまいか」といった。移転絶対反対というこれまでの姿勢に対する批判であることはいうまでもない。

晩年に近い明治四三（一九一〇）年八月一一日、つぎのような正造の文章をよむのはつらい。

吾輩正造鉱毒民中に一身を投じて、治水問題を研究し、施政の方針を批評し弁難し絶叫すること茲《ここ》に二十有余年、回顧すれば往時《おうじ》茫として真《まさ》に夢の如し、不幸にして余の声未だ天に達せず、今に至りて何等の効なし（傍点原文）。

愚民観

指導者が民衆にうけいれられない原因のひとつに、指導者のもちやすい愚民観があげられる。この点、指導される側の民衆は敏感だから、愚民観をもつ指導者にはついていこうとしない。また民衆を愚かとみるようでは、民衆の幸福を真に願う指導（政治）はできないはずである。それでは指導者として田中正造はこの愚民観から自由であったろうか。

正造も若いころにはこの愚民観を色濃くもっていた。六角家騒動のときにも正造は一般農民を愚かなものとして、「義人・志士・仁人」がそれを指導すべきと考えていた。明治三（一八七〇）年、江刺県花輪分局の聴訴掛になったころには、「其民愚して人情に暗く、言語不通、いかんともせんかたなし」という愚民観をもっていた。

しかし正造は少しずつ自らの愚民観を克服していったようである。自由民権期には、愚民観から人民に参政権を与えるのは早すぎるという政府に対し、正造は商家の番頭と主人の例を出して反論し、その証拠に地租改正の難事業が人民の協力で立派に達成できたではないかと批判した。明治一三年の一一月、東京の国会期成同盟第二回大会の席上、同志の一人が「国家の愚民には新聞を見するにしかず」といったのに対し、正造は、「士志の口より愚民と云うの失礼と誤り」をただしてあやまらせた。さらにその翌年の八月、日記のなかで、「政府の近眼眼病、人民を愚と云う。政府上をなみし下を愚にするか」と書いているので、このころにはかなり愚民観から自由になってきたと思われる。

明治時代を通して愚民観は一般的であった。明治四五（一九一二）年でも、銅山を恨む被害民に対して、政府が「天を恨むものなりとしてこれを冷笑し、あるいはこれを愚民頑民としてこれを虐待するを常として憚《はば》からざるに到れり」という状況だった。

こうした状況を知ると、正造がいかに一般的な愚民観から自由であったかが知られよう。愚民観から自由な正造はつとめて民衆に近づこうとしたが、それがかえって軽くみられる原因となった。正造自身、それに気付いて、「正造人に近寄る事多いために賤《いやし》まる。人の正造を見る按《あん》（ママ）まを見る如し」といっている。このことは愚民観が民衆自身のなかにもあったことと、折角の正造の好意が理解されなかったことを示している。当時は民衆のレベルまで下りてくる政治家がいなかったから、そのために生じた正造の悲劇であり、民衆の不幸であった。

しかしこれほどの正造にも、なお、抜きがたい愚民観が存在した。それを次章でみていくことにしたい。

自力依存

以上、ここでは正造が民衆運動の指導者として、民衆に対した場合をみた。為政者や権力者に対しては、天皇・議会・政党・憲法などの諸制度に頼る他力依存の性格が強かったのに対し、この場合には、自分の信念にもとづき、確信をもって民衆を指導しようとする自力的な特徴が顕著である。被害民からの反発も、木下尚江が洞察するように、正造の強すぎる指導力と無関係ではない。ほぼ同じ時期であるにもかかわらず、県会議員・国会議員として活躍した明治一〇年代中ごろから明治三〇年代中ごろまでの正造には、こうして為政者・権力者に向かった場合には他力依存、被害民である民衆に対した場合には自力依存という相対立する特徴がみられたのである。他力性と自力性がともにみられたという点では、政治家になる以前の第一期と同じであるが、第一期では両者が分離できないままに混在していたのに対し、この第二期でははっきりと分かれて並存していたという点でちがうのである。それではこの特徴は正造が谷中入りした明治三七（一九〇四）年から没する大正二（一九一三）年までの第三期にどのように変化するであろうか。

Ⅳ　思想の完成期 ――自力から他力へ――

一　谷中入り

運動の性格変化

明治三五（一九〇二）年三月、東京控訴院で三人を除く全員の無罪がいい渡された川俣事件は、さらに大審院での控訴院の破棄をへて宮城控訴院に移され、結局、控訴棄却、公訴不受理で裁判は消滅し、全員の無罪が確立した。

一方、正造は欠伸《あくび》による官吏侮辱事件でこの年の五月、重禁錮一か月一〇日、罰金五円がいいわたされ、上告した大審院で棄却されたため、それが確定した。正造四度目の入獄である。このとき差し入れられた『新約聖書』をよんだことが、その後の正造を支える力となった。

さて、この年の三月、桂太郎内閣のもとに設置された第二次鉱毒調査委員会は、鉱毒反対運動の性格を大きく転換させるものとなった。この委員会は田中正造の直訴がひきおこした世論を鎮めるために設置されたものであるが、第一次鉱毒調査委員会とちがって、初めから足尾銅山の営業停止

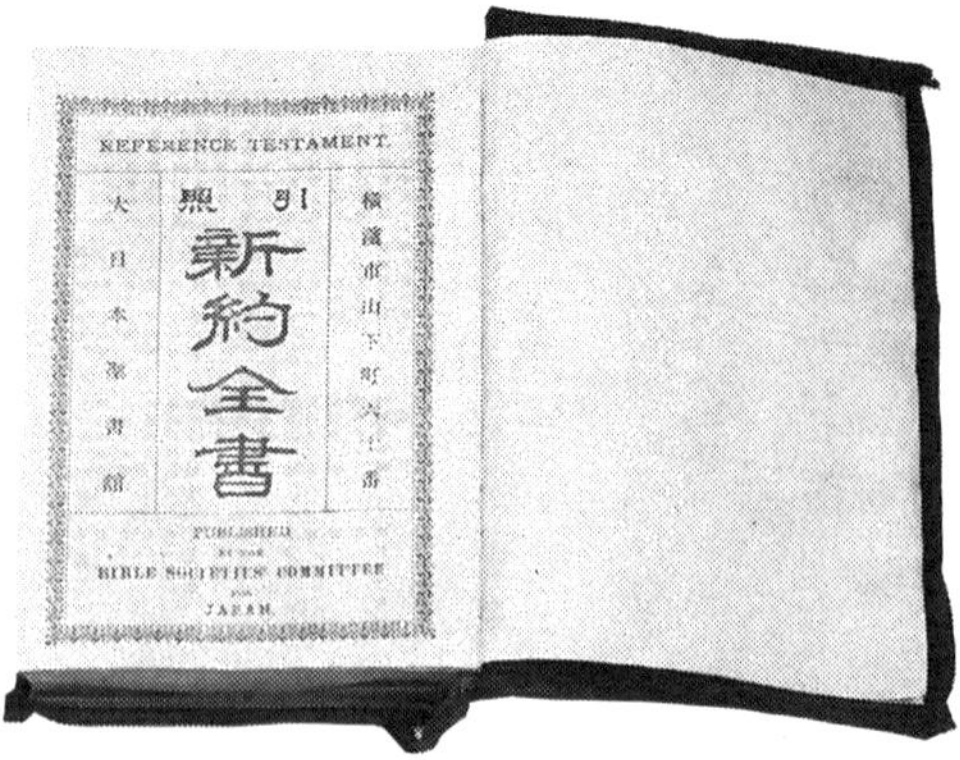

田中正造の遺品、『新約聖書』（佐野市郷土博物館蔵）

を問題にしていなかった。すなわち、委員会は、現在作物に影響を与えている銅分は、明治三〇（一八九七）年の鉱毒予防令以前に排出されたもので、現在の足尾銅山には責任がないとし、鉱毒の被害除去のために渡良瀬川に巨大な遊水池を設置するよう勧告したのである。この勧告をうけて、その後は遊水池計画がすすめられ、反対運動もその対応に追われることになった。すなわち、足尾鉱毒反対運動は、鉱毒問題から治水問題に性格を変えられたのであった。

　遊水池の場所として選ばれたのが、渡良瀬川・利根川・思川の合流点にある谷中《やなか》村であった。当初の予定は対岸に当たる埼玉県の利島村・川辺村であったが、そこでは明治三五（一九〇二）年以来、正造らの指導のもと、堤防の自力修復と納税・兵役の義務拒絶を宣言して、買収案を撤回させていた。

　政府が谷中村を選んだひとつの理由は、それまでつづけられてきた谷中の堤防修復が不可能と断念されたことによる。堤防を修復するより、そこを大きな貯水池にして、渡良瀬川の氾濫をうけとめ、鉱毒物質を沈澱させたあと水を下流に流そうというのである。明治三七（一九〇四）年一二月二三日の衆議院は、遊水池の設置を谷中村人民救済のためとしたが、それは堤防の決潰《けっかい》で村が半ば水没し、作物がとれない現状では、村民が生きていけないため、村を買収し村人を他所へ移して救済しようというものだった。

運動の分裂

国や県は谷中村を遊水池にすれば、渡良瀬川の氾濫を防ぐことができると公言したが、正造は終始それを疑い、そうしたことばに迷わされないよう被害民に注意した。しかし谷中村一村の犠牲で洪水からまぬがれると思いこんだ、とくに渡良瀬川上流の村々では、鉱害反対運動から身を引く村や人びとが相ついだ。それまで地元の反対運動の拠点であった雲竜寺は空寺同様となり、東京の鉱毒事務所も閉鎖された。とくにそれまで正造とともに反対運動を指導してきた有力な指導者、たとえば、左部《さとり》彦次郎や反対運動の四天王といわれた野口春蔵、大出喜平が正造のもとを去っていった。最後まで正造を支えた島田宗三は、このころを回顧して、さきには数十万の被害民が正造を支えたのに、谷中村の遊水池計画が動き出してからは、かつて正造を信奉した上流の被害民が多年の困憊《こんぱい》から逃れるために正造を離れ、一般同情者も問題の複雑さと解決の遅延に飽きて遠ざかり、本当に正造と行動を共にする人はわずかに五指で数えられるほどになったという。

多くの被害民や活動家が運動から離れていった原因にはさまざまな事情があった。以下に羅列すれば、一、鉱害による生活の困窮、二、川俣事件以来つづく官憲の弾圧、三、被害激甚地の上・中流から下流への移動、四、明治三五年九月の大洪水で、鉱毒におかされていない土砂が渡良瀬川中流沿岸に堆積して農作物を豊作にしたこと、五、ジャーナリズムによる鉱毒世論の鎮静化、六、日本とロシアとの関係悪化で人びとの関心が内政から日・露の外交へ移ったことなどであろう。

谷中入り

関心を国外に向ける一般的傾向とは逆に、正造は一層、足尾鉱毒事件に専念するために、明治三七（一九〇四）年七月三〇日、谷中村川鍋岩五郎方に住み込んだ。

正造に谷中入りを決意させた背景には、国家・政党・議会・憲法・法律といったすべての制度、さらには最後のよりどころとした天皇に対する絶望があった。かれはそうしたものに頼って鉱毒問題を解決しようとしても無駄なことを、多くの失望・挫折の末に悟ったのである。かつてあれほど賞讃した憲法さえも、「立憲国の名の盗賊」を生むからと否定し、明治四五（一九一二）年一月の日記では、国家、社会、人類の生命を永続しようとするなら、「憲法、法律、教育の渾《すべ》てを全廃して、更《さら》に天神を基とせる方法即ち広き憲法を設くべし」とかいた。かれには現存する憲法、法律、教育が国家のために存在するものであって、個人の幸せのために存在するものでないことが分かったのである。

ところで、正造の谷中入りの動機は、「自ら人民保護に当たるため」であった。政府・議会などの制度がやってくれないのなら、自分一人でも谷中村を救おうとしたのである。かれはすでに「政府が人民を保護しなければ、我々が保護する」と議会で明言していたので、その実践にふみきったわけである。この動機からする正造の谷中入りは、思想的にみるとひじょうに重要な転換ということがいえる。すなわち、それまでの国家・議会・憲法などに頼る他力依存から、自分一人でも谷中村を救おうという自力性重視に変わったからである。

二　正造と残留民

谷中学の初級生

自分一人ででも谷中村を救ってやろうと意気込んで谷中村入りした正造ではあったが、谷中入りしてすぐ、そのことが容易でないことを知らされた。村人と顔つき合わせての生活は驚きの連続で、これまでの自分の被害民との対し方、つまり、指導方針を反省させるに十分だった。この原因は自分が「村吏の子」、「富豪の子」であって、「下情に通ぜざる」、「貧者の情にくらい」ところにあったと、晩年に何度も反省している。

移住後五〇日ごろの感想に、「漸くして少々分る処出来ましたのみ（中略）正造も少々ずつこの谷中学初級生に至り申し候」とあるが、谷中入りした正造が自らを谷中を学ぶ初級生とみなして、村人の理解に努めていたことが知られる。しかしこの学問は予想以上に難しいものだった。移住後百日たっても、「社会の事いよ〳〵六《むず》か敷《しく》、下層人民のこと到底《とうてい》真相をしるべからずと思うほどな

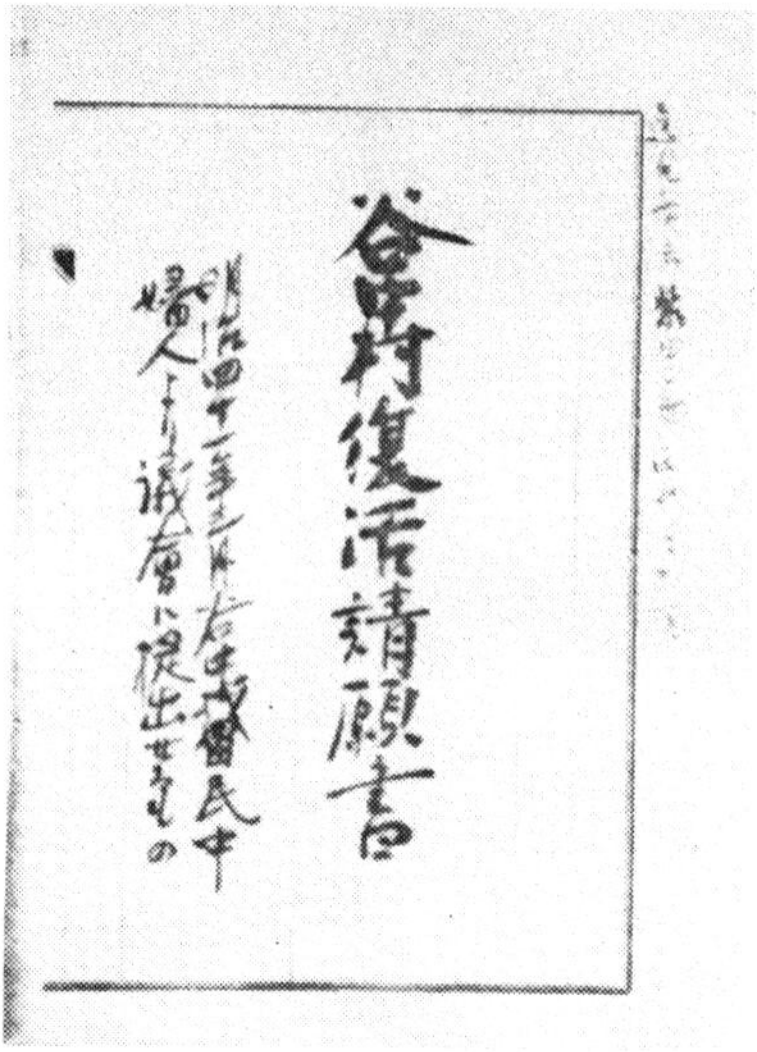

谷中村復活請願書

り（中略）毎日毎日新たなることを耳にしては驚きかつ悲しみます」と、運動の指導者として民衆理解の難しさに音をあげている。明治三八（一九〇五）年一一月三〇日、甥の原田定助あての私信で、谷中に入ってからの一年間の研究は過去三〇年の二九年のそれに匹敵すると書いたのももっともなことであった。

民衆理解の難しさに音をあげつつも、正造は民衆の先頭に立って、谷中村の滅亡を防ごうと努力した。そのうち最重要なものは、明治四〇（一九〇七）年一月に出された谷中村に対する土地収用法の適用防止である。なぜなら、土地収用法が適用されると、谷中村が買収され遊水池にされてしまうからである。

正造と谷中残留民（このころから買収に応じないで谷中村にとどまる村人がこのようによばれた）は、「谷中村復活を期する請願書」などを国会に提出して、政府の谷中村に対する不法ぶりを抗議した。これらの請願書で正造が強調したことは、法律にもない瀦水池《ちょすいち》をつくるということは、憲法・法律の破壊である。また土地収用は「自治団体を破るもの」で、「国家の基礎を破壊するもの」である。そしてその結論は、谷中村の滅亡は日本滅亡と同じだから、谷中村を復活しなければならないというものだった。

しかし谷中残留民は堤内に一六戸、百人余り、堤外に三戸が残るばかりだった。そして運命の日、明治四〇（一九〇七）年六月二九日の強制破壊の日がやってきた。

谷中残留民との確執

その前にかれら残留民と正造との関係についてふれておかなければならない。さきにもみたように正造は谷中入りして以来、真剣に「谷中学」を学んで一日も早く残留民たちの仲間になりたいと努めた。しかしその努力はなかなか報われなかった。自らも残留民のひとりであった島田宗三は、正造のつぎのことばを伝える。

鉱毒被害地の中で、一番話の分らないのは谷中村の人達であった。そして、その谷中村の中で、一番話の分からないのが、今の残留民である。

この正造の話を補足して島田宗三は、「話が分らない」とは、「指示通り動かない」「やる気がない」の意味で、「翁は、残留民の賛辞も述べられていたが、残留民の態度は決して良いとは言えず、また、翁も、残留民の心情を十分理解できないために、誤解もあった」という。この点について、木下尚江も「七、八年谷中村に渡っていてもまだ村の人達の心と一つになれないという悲哀を折々翁の口から聴いた」と証言する。

この二人の証言はふつうの人を驚かせるに十分であろう。なぜなら、正造と文字通り寝食をともにし、苦労を分かちあった残留民が、正造をもっとも理解しようとしない人たちだったというのだから。

明治四五（一九一二）年二月一〇日、正造は一〇名の残留民あての書簡で、谷中に入ってもう九年になるのに、手紙をくれるのは島田宗三ただ一人であり、残留民の「左山《ママ》氏は田中の申す事を用いるなと云うような言葉を以て、青年に向って田中をわるく云ってきかせたとは何たる考違《ママ》ですか。田中わるければ此上引取るです。（島田）政五郎氏なぞも折々左山氏と同じような事を云うそです《ママ》」とかいている。ここにも正造と残留民とのあいだの確執が示されている。このときの手紙のさし出し名は残留民一九戸のうち一〇戸であったから、一九戸のうち一〇戸が正造に協力的で、残る九戸がそうでなかったことになる。約半数の残留民の心をまだ正造はとらえていないのである。

もっとも尊敬する残留民の高田仙次郎からさえ、「正造さんは名誉のためなり」といわれて大きなショックをうけている。他の人ならともかく、この人にこういう誤解があったのでは、「直接谷中の大損害」になるので、急いでこの誤解をとくよう島田宗三に頼んでいる。

両者の相違の原因

それでは正造が谷中残留民からうけいれられなかったり、誤解されたりした原因はなんであったろうか。

そのヒントはさきの手紙で正造がこのような状態では引取るまでだと口走ったところにあるよう

に思う。すなわち、客観的に考えれば、これほどの悪環境のなかゆえ、正造が谷中村からの撤退をほのめかすのも無理はないと思われるが、正造には引取るということがいえても、残留民には引取るといえないところが、正造と残留民とのあいだの決定的なちがいであり、そこに両者のしっくりいかなかった原因があったのでなかろうか。つまり、ひと口でいえば、両者のあいだの階級的相違である。

正造の名主家出身という家柄の良さが、最後まで残留民の心情を理解するうえでじゃまをしたように私には思われる。このことは正造自身のしばしば気付くところであった。正造は明治三七（一九〇四）年の一〇月、谷中村へ入ったものの「小生は従来村中の内情に暗ら《(ママ)》きために非常にこまり申候（中略）これ（黒沢酉蔵―注）も帰京せし後ち《(ママ)》は、老鳥の羽抜け鳥り《(ママ)》一羽マゴ〳〵苦痛いたし候」とのべている。また同年一一月七日の黒沢酉蔵あての手紙で、「正造七月三十一日よりこの谷中に出没起臥しても未だ人情の真相をしる能わずして、毎日〳〵新たなることを耳にしては驚きかつ悲みます」と書いている。

この場合、「悲みます」というのは、谷中村民の悲惨な状態についてではなく、人民の生活の機微にくらい自らの無知に対してであった。

明治四二（一九〇九）年一一月には、この階級的差違を自らつぎのようにのべている。

さて〳〵わたくし智恵が少ないのです。毎年麦蒔に種ね《(ママ)》のない人のあるのも蒔く人の少い一つの原因です、と云う事をはじめて承知いたしました。嗚呼、正造は未だ富豪の子で神の子でない。貧者の情にくらい。わたくし農民でもこの智恵がめぐらぬのでした。

明治四四（一九一一）年七月三日の日記でも、「予は幼少の時、村吏の子たるを以て下情に通ぜざる」と、やはり、その階級的制約から下情に通じていなかったと述懐している。

正造はさきにもみたように、当時の政治家としては珍しく愚民観のない人だった。しかしそれでも愚民観から完全に自由であったわけではない。その背景には自分の真意のうけいれられないいらだちがあったと思われるが、たとえば、最晩年の大正元（一九一二）年九月八日の義甥、原田勘七郎あての親書内にも、「正造の同志たるものは被害窮民の飢えて食なしの徒にして、常によく流言に左右せらる、愚人のみと云うも可なり」といった被害民を愚民よばわりすることばがみられるのである。

三　正造の覚醒

強制破壊

明治四〇（一九〇七）年六月二九日、栃木県警の警察官二百余人、人夫数十人は、正造や木下尚江、新聞記者らの見守るなか、佐山梅吉宅から強制破壊を始めた。県のとりこわし態度は乱暴で無慈悲なものだった。佐山梅吉宅では、子供の昼食用にと炊いた食物

強制破壊された谷中村の物品置場（明治40年）

を、子供が空腹で泣くのもかまわず、釜ごと没収した。茂《も》呂《ろ》松右衛門宅では、県側の強引な破壊ぶりに、長男吉松（三三歳）が「発狂し、真裸となってあばれ出す」ありさまだった。渡辺長輔の家でも、長輔が精神錯乱して、竹の長棹をもって大地を叩き、悲泣憂悶、ほとんど発狂状態になった。もともと精神病であった妹のツヤがそれを見て急に暴れ出し、手がつけられなくなった。老母は「私が若ければ何とかしますけれども、老いて殺す力もない」と嘆き、木下尚江の口添えでこの日の執行は中止された。

同じく最初の日に家を破壊された小川長三郎は大工らしく、家をとりこわすときには、まず家屋の図面を作り、図面と用材を引き合わせていちいち番号をつけるものである。それをせずにこんなに乱暴に破壊して、これで再び家を建てることができるかと抗議した。

強制破壊の日に来村した子爵松平直敬（貴族院議員）は、強制破壊が立退き先も仮小屋も用意しなかったことを不当と批判。法律にないという執行官に対し、「それでは生きている人間を雨曝《あまざらし》にしてよい法律があるか」と追及して、執行官をだませらた。

この強制執行は無補償で破壊され、用材、家財道具はすべて洪水のために流され、そのうえなんと強制破壊の費用まで支払わされたのである。

正造の覚醒

正造が谷中入り以来、民衆（とくに谷中残留民）の気持ちを理解しようとして苦しんだことはすでにみた通りである。しかしこの苦しみもやがて解決の方向に向かった。その最大の体験は、強制破壊後に残留民がみせた不屈の抵抗の姿であった。

強制破壊で家を失った残留民たちに、あいにくその後数日間も雨が連続して降った。残留民たちは木片や竹屑で仮小屋を作ったものの、家族の頭が入るだけで、雨もりのために簑笠《みのかさ》を着てしゃがんでおらねばならず、寝るどころではなかった。そのうえ渡良瀬川氾濫の危機が迫った。この状態を正造はつぎのように描写した。

見るもの皆酸鼻《さんび》。昨夜も亦《また》暴風雨にて小屋の屋根ふきめくり、雨はふりて老幼までもみのかさにて終夜夜をあかし、今朝の顔色蒼々、見るもの皆酸鼻《さんび》、下野《しもつけ》は何んの面目。

正造は小舟で残留民に避難するよう説得してまわったが、かれらはいっこうに応じようとしない。このときの状景を自らもそのなかにいた島田宗三は、つぎのように伝える。

北古川の人びとは、何れも仮小屋の中に小舟を浮かべ、あるいは木につかまって激浪に揺られながら、案外平然としていた。殊に、水野常三郎の如きは病体を小舟に横たえ、浪の寄せるたびに、しぶきを頭から一杯に浴びて、全身ズブ濡れとなっているにもかゝわらず、翁の好意を固辞して避難しない。

その姿に正造は「此人々の自覚は神にも近き精神」と驚嘆した。また「この人々の自覚は我々の及ばざる処あり、人はもって一概に侮れぬものか」と畏敬の念を抱いた。

ここには正造のいままで知らなかった世界がある。これまで愚民とみなしてきた人間が意外な力をもつことの発見、それにかれは全身全霊で打たれたのである。残留民が生命をはって家を守ろうとした、その抵抗精神のすさまじさに、正造はそれまでの谷中村残留民に対する自らの認識のあやまりを知らされたのである。ここに正造の数年後におきる覚醒の第一歩があった。

ついでながら正造とともに残留民の不退転の決意を間近で目撃した木下尚江も、同年七月一九日に、「残留の谷中村民は決して世人が思う如くに愚かなるものに非ず。また弱きものにあらず」と、その驚きを告白した。

残留民たちは事実、死をもって家を守った。谷沢友弥はこのとき雨に打たれたのが原因で病気になり、親戚が藤岡町へ引きとろうとしたが、「我れは死すともこの地を去らず」といいはって、ついに半年後、仮小屋のなかで死んだ。水野彦一も「今死するは残念」といいつつ、四五歳の若さで死んだ。

強制破壊時の驚きは、正造に自らと残留民とのあいだの大きなズレを反省させないではいなかった。もちろん、これまでも正造はこの点を反省してきた。これらの反省が基盤にあって、正造の谷中村残留民に対する考え方が次第に変化していった。

正造の対谷中村残留民観の変化は、明治四四（一九一一）年二月と同年七月の日記を比較するときはっきりと知られる。すなわち、二月の日記には、努力の報われない自分を励ますかのように、「倦《う》むなかれ、人の世話しても人は愚にして、世話せし甲斐もなしとして倦むなかれ。天の神はこれを見て居らる、なり」と記されていた。ここには他人を指導するという指導者意識が明らかで、かつその報いを期待する気持ちが強い。

ところが同年七月一九日になると、この意識がつぎのように大転換する。

凡《およそ》物事を教へんとせば倦《う》んで聴かず、今後は教んとするよりは先づむしろ教へられんの方針を取られたくば如何《いかが》々々。正造も去る三十七年以来教んとして失敗せり。

明治三七年以来というのは、正造が谷中村に定住したあと、谷中村の村人を指導しようとして失敗したことをさしている。

この文章はさきのものからわずか五か月しかたっていないが、指導してやろうという指導者意識がふっきれて、むしろ謙虚に村人から教えをうけようという意識に変わっている。これはそれまでの正造にとって大変な人生方針の転換といえた。なぜなら、正造自身、「私は昔から儒教の精神で固められたものでがすで、何でも上から下に治めるという方にばかり心が向いて、下層人民の間にはいって彼等自身に力をつけ、彼等自身に事をやらせる方にや、まだこの頃まで眼につかなかったでがす」といっているからである。この人生方針の転換があったればこそ、つぎにみる約半年後の大覚醒もありえたのではないであろうか。

覚醒の完成

さて、その大覚醒とはなにか。それは明治四五年二月二六日の日記内のことばである。

予常に下情《かじよう》に通う《(ママ)》ぜんとして而《しか》も未《いま》だ通ぜず。十か年谷中に入りて居住せしはこれのためなり。しかれども予が谷中の人情に通ぜずして殆《ほとん》ど苦学す。苦学して得ず（中略）下情を見んとせんよりはむしろ身を以て下情に置くべし。下界に身を置かずしていかにして下情に通ずるを得ん。魚を漁るものは魚の心をしる。下民と共にするは下民と情を同うするにあり（中略）同じからずして同情すと云うとい、《(ママ)》ども、仮りの同情に過ぎずして、未《いま》だ真の同情にあらず。真に到らざるものは真なし。真なければ百年同居同炊するも同情に到らざるなり。むべなり。谷中人民の我れに同情せざるにあらずして、先ず我れの同情せざるなり。この誤まりを終に発見せり。

これは正造にとって大発見、大覚醒だった。明治三七（一九〇四）年夏の谷中入りは下情をみるためのものであったが、下情をみるのではなく、下情に身を置くことがさらに必要なことを悟ったのである。これが文字通り残留民のただなかに身を置いて、同じ生活をしたことによって得られた発見であった。

正造の覚醒が強制破壊時の残留民の不服従ぶりに起因したことはすでにみた通りである。この点について林竹二氏は、かつてつぎのようにいったことがある。

> 田中正造の努力は谷中村の運命とともに、こゝに窮まったように見える。しかし正造はこの強制破壊を、それに引き続いて谷中をおそった暴風雨、洪水の中での谷中人民の姿を見て、この無知・無識・無気力・無精神と見た谷中村「人民」の、人間の精神の底の深いところにひそんでいる、「恐るべきもの」（これを正造は「神にもちかき精神・自覚」とよんでいる）を見せつけられる。それは「知識の軽便者流《けいべんしやりゆう》」（正造は自分も畢竟《ひつきよう》その一人にすぎないと感じたろう）の想像を全く絶したものであった。

ここで林のいう、谷中人民の「恐るべきもの」、正造のいう「神にもちかき精神・自覚」こそが、正造をして覚醒させたものであったということができよう。

四　天国づくり

正造の覚醒のみられはじめた明治四四（一九一一）年の夏ごろから、正造は「天国にゆく道ぶしん」について語り始める。

地獄の桃源

天国にゆく道ぶしんとは、理想の国づくりであるが、これはかつて正造が明治三六（一九〇三）年二月、足尾の演説会で「政府にてこの激甚地を捨れば、予等はこれを拾って、一つの天国を新造すべし」と豪語したことの実現であった。谷中人民を「日本第一智謀者、日本第一の富有者」と呼び、かれらと「枕ら《（ママ）》を同うするの快楽を覚えたり」ということができるようになった明治四四年一〇月、谷中残留民と天国づくりに入ることができると考えたのであろう。

ここではもはや正造は指導者ではない。ただの谷中残留民のひとりである。このころの手紙の署名が「谷中残留民」とか「谷中残留民の一人」と書かれていることが、正造の覚醒ぶりをものがたる。正造はそのほかの谷中残留民とともに地獄をつきぬけ、天国へ達する道を歩み始めたのである。翌年の五月、正造は石田仁太郎への手紙で、谷中の亡村を「地獄の桃源」とよんだ。かれは地獄のなかに逆説めくが、理想の桃源境をみたのである。

こうして谷中の亡村に残留民による小さな共同体ができ上がった。正造は明治四五（一九一二）

年の正月、この共同体を基盤として谷中村を復活しようと考えている。谷中村の復活をけっして諦めたわけではないのである。

正造の死

明治四〇（一九〇七）年八月の大洪水は、谷中村を遊水池にしても、利根川の逆流で氾濫を防げないことを証明した。正造の主張していた関宿《せきやど》の石堤を狭くしたところに根本的な原因があった。正造は谷中周辺の有志に呼びかけて、利根川逆流阻止のために関宿石堤取り払い運動をおこし、谷中村復活の運動に結びつけようとした。

正造は利根・渡良瀬川水系の河川調査を熱心に始めた。それは死の年、大正二（一九一三）年まで続けられた。そして同年の八月二日、ほとんど行き倒れの状態で、栃木県足利郡吾妻村下羽田《しもはねだ》の庭田清四郎宅に倒れこんだ。そして約一か月後の九月四日、多くの人びとの手厚い看護のうちに、胃癌でなくなった。享年七三歳であった。枕辺には菅笠《すげがさ》と合切袋《がっさい》がひとつ残されていた。袋のなかには日記三冊、草稿、新訳聖書、帝国憲法とマタイ伝を綴じあわせた小冊子、渡良瀬川によくある桜石と呼ばれる石ころ数個であった。

九月六日、近くの雲竜寺で仮葬儀が営なまれ、一〇月一二日、佐野の惣宗寺で本葬が行なわれた。渡良瀬川沿岸の被害民ら数万の人々が参列した。遺骨は沿岸の人々の希望をいれて、生地の小中村をはじめ、自由民権運動の拠点となった惣宗寺、鉱毒反対運動の本部のあった雲竜寺、晩年の闘いの場となった谷中村、正造を救村の恩人と敬慕する埼玉県利島村、およびその後存在の知られた野田の寿徳寺の六か所に分骨埋葬された。

関宿石堤（林保氏の提供）

自力から他力へ

さて、正造が谷中入りした明治三七（一九〇四）年から没する大正二（一九一三）年までの第三期、正造の思想は自力性・他力性という観点でみると、どういうことになるであろうか。

すでにみたように前期の正造は、政治家として政府や権力者に対したときには他力性を特徴とし、被害民や一般民衆に指導者として対したときには自力性を顕著にみせた。それがこの時期には、結論からいうと、ちょうど反対になったように思われる。すなわち、政府や権力者に対したときには、これまでの政府・議会・政党・憲法・法律・天皇などの制度に頼ることを止め、自分一人で谷中村に入ったところに明らかなように、他力性から自力性への変化がみられた。一方、被害民に対しては、最初、指導してやるという自力に頼った指導者意識で対したものの、残留民の底力（不服従の抵抗）をみせられて、逆に教えてもらうという謙虚な姿勢に変化したところに、自力性（自力依存）から他力性（他力の認識）へと変わった。もっとも明治三二（一八九九）年ごろ、鉱害反対運動の指導体制を自分中心のものから公議体＝議会という集団中心のものに変えたところに、すでにこの自力性から他力性への変化のきざしはみられていたのであったが。

Ｖ　思想の反省期

一　その後の谷中

谷中村立ち退き

正造の死後、島田宗三は正造の死によって、ふたたび谷中村復活の運動が注目され始めたと考えた。そこでそのことを関係者に打診したが、木下尚江は田中正造でもできなかったことをやろうというのは、村人に不可能なことを可能の如く迷わせることになって気の毒だと反対し、逸見斧吉もこれに同調した。ひとり福田英子だけは賛成したが、ついに宗三の希望はいれられなかった。残留民の側でも、谷中村の復活より係争中の控訴裁判の方が重要だと考えるものが多かった。

一方、大正二（一九一三）年一二月五日、島田熊吉ら七名の残留民は、部屋《へや》警察分署によび出され、今後は水害に対する苦情をいわない、他日必ず退去するという約束をさせられてしまった。翌年の九月一一日には、渡良瀬川の氾濫で自村の堤防が切れるのを恐れた群馬県海老瀬《えびせ》村の人々によって、谷中村の上手の堤防が切られたため、谷中村は大損害をこうむった。

それでも残留民が立ち退かないので、県は大正五（一九一六）年五月、県議から立退きをすすめさせた。残留民は中村秋三郎弁護士と相談のうえ譲歩の姿勢を示した。

これとは別に同年八月、それまでの運動の支持者、高橋秀臣・栗原彦三郎らから宮城県下への移住がすすめられた。しかし残留民たちはあくまでも谷中村復活に固執することが田中正造の意志に沿うことになるとしてことわった。

その後も県はしばしば立退きを迫ったが、残留民が応じないため、同年一一月、移住しなければ強制執行、居宅は破壊、樹木は伐採、宅地は地形を変えて住めなくする、他郷に引き出した残留民一人に警官一人をつけて、二度と故郷の土を踏ませないようにするとおどした。

残留民はさきの県議と正造の甥である原田定助県議から県当局に交渉してもらい、以前のような残酷な執行はしないという約束をとりつけて、ついに大正六（一九一七）年一月一九日、栃木県下《しも》都賀《つが》郡三鴨《みかも》村高取への立退きを承知したのであった。このときの斡旋《あっせん》者は県側に対して大変に低姿勢で、「仲裁者としてこれ以上県庁に逼《せま》ること能はずと思う」とか、「今や県庁に対し、行政上保護の下にある際に、煩雑なる問題を提起してその悪風を招くことは、もっとも愚策にして不利益なりと信ず」などの言葉がみられる（国会図書館憲政資料室文書）。

立退き期限三日前の二月二五日、田中霊祠《れいし》前に関係者が集まって、奉告祭《ほうこくさい》を行った。この奉告祭で島田宗三は、「これはまったく翁の意志に背くものであるが、これより他に村民の執るべき途がないと信じた」ので許してほしいと田中正造の霊に謝まり、もし許されないなら自分を罰してほしいと願った。

運動の終焉

こうして長年の谷中村復活の夢はたたれ、足尾鉱毒反対運動は失敗に終わった。それは県側の示した不誠実な態度（移住先が不毛の地であったり、その約三〇％が隣村にとられたり、移住先の地均《なら》しや払下げの約束が反古《ほご》にされたりしたこと）によって、一層、敗北のみじめさを思い知らされた。為政者側は鉱毒の被害民に対して最後まで冷酷だったのである。

一方、正造の生前から進行していた不当買収価格に対する裁判は、大正七（一九一八）年八月一八日、県の買収価格の約五割増しの価格が示された。残留民も弁護士も不満だったが、第一審以来すでに一三年が経過しており、残留民らはいまや居村を追われ、散在する移住先で生計を立てなければならず、これ以上、訴訟を続けることは無理と判断して、裁判は結審した。

島田宗三はこの結果を、官尊民卑の著しい当時、この裁判で、「たとえ窮民の訴えでも、正義は必ず最後の勝利者であるという実例をかち得たことは大きな収穫であった」とよろこんだが、買収価格を問題にすることは、買収を認めることになって、谷中村復活の目的と矛盾するわけで、正造の遺志に背いたことになる。

この点に関する正造への負い目は島田宗三を生涯苦しめたことであろう。その苦衷はさきの奉告祭の言葉に表れていたし、七五歳の年にかかれた『田中正造翁余録、上・下』のなかでも、「精一杯に尽したつもりであるが、私の無知無力と努力の足りなかった〻め、終始一貫しえなかったことは慚愧《ざんき》に堪えない」とあることからもうかがわれるのである。

大正・昭和初期の足尾の鉱毒

大正七（一九一八）年八月一八日の裁判の結果、長年続けられてきた足尾鉱毒反対運動は終了した。正造が明治二四（一八九一）年の第二回議会で政府を追及してから二八年後のことであった。しかしこのことは足尾銅山がもう鉱毒を流さなくなったことを意味するであろうか。実はそうではない。足尾銅山はその後も、なんと現在においても鉱毒を流しつづけているのである。この意味で、足尾鉱毒反対運動は現在もなお続いているといえるのである。

待矢場両堰普通水利組合は正造の死後、足尾銅山実況調査をくりかえしていたが、その結果にもとづき、大正一四（一九二五）年七月、大雨による鉱毒の流出の疑いを足尾鉱業所の庶務課長に糺《ただ》している。

昭和三（一九二八）年には、渡良瀬川の鉱毒が大問題になっている。久野役場の「昭和三年渡良瀬川鉱毒問題綴」（足利市御厨《みくりや》支所文書四、県立文書館蔵）によると、衆議院議員栗原彦三郎ほか二一八名は、「足尾鉱毒事件に関する質問主意《（ママ）》書」のなかで、つぎのようにいっている。まず、明治三〇（一八九七）年五月七日の鉱毒予防令は明治天皇の国民を慈しむ心から出ていたので、その精神はその後も継承されなければならないのに、現政府は「昨年来足尾銅山に対する監督を怠り再び渡良瀬沿岸の農村をして鉱毒の害を被らむとする危険に瀕《ひん》せしめたるは遺憾《いかん》なり」とのべ、「足尾銅山鉱毒問題に対し其の根本的解決に付何等考慮を払へる形跡を認むる能はず」と批判した。この質問に対し、政府はなんら誠意ある回答をしなかったので、栗原らは再質問しているが、このあたりのやりとりをみていると、政府の古河財閥庇護、民衆生活軽視の姿勢が正造の時代と少しも変わっていないことを知らされる。

　このとき質問者は、足尾銅山の煙が日光奥の御用林を枯らしている点をつき、それを毎日数千人の修学旅行生が見ていることを重大視している。なぜなら、政府の一鉱業主庇護のために、天下の景勝地が破壊され、帝室の財産が蹂躙《じゅうりん》されているさまを、莫大な数の青少年に見せることは、国家と帝室に対し憂慮すべき事態ではないかというのである。

　このあと少なくとも、昭和三（一九二八）年五月には、源五郎沢がぬけて大きな足尾鉱毒問題が発生している。

今日まで続く鉱毒の被害

「建設省の管轄に入った昭和三〇（一九五五）年から河川はいく分その弊害から救われた。ダムの建設や緑化運動も起こった」と島田宗三はいう。しかし根本的な問題解決である「かつて翁（正造―注）の要望した逆流排除の方法（関宿の石堤除去）は未だに少しも実現されていない」ともいう。政府の姿勢は少しも変わっていないのである。

昭和四八（一九七三）年、古河鉱業足尾事業所では、「鉱毒といいましても、足尾にはもともと本当の意味での鉱毒はありませんでした。あの禿山《はげやま》だって、煙害というよりも明治十九年の大火のためだったのです。――そうですね。まあ、昔は別としても、現在は絶対に鉱毒の被害を出しておりません」と断言する。

しかし実際はどうか。群馬県太田市毛里田《もりた》地区の板橋明治氏は、同じ年、「足尾にはうず高く積まれた鉱泥の山が、いまなお隠されています。それが雨のたびに渡良瀬川に流れ込んで、普通、水田は三〇ppmくらいが銅被害の限界とされているのに、ここの水田は、水口で一六〇〇ppmから二〇二〇ppm（群馬県農事試験場調べ）という驚くべき数字を、現在もなお示すことがあります。これは明らかに古河鉱業が犯人なのですが、県もなかなかそれを認めませんね。企業と深く結びついた国の体質は、明治以来さっぱり変わっていませんな」といっている。

古河鉱業足尾事業所と板橋明治氏のあいだの大きなズレ、われわれはどちらを信じたらよいのだろうか。その答は、昭和五三（一九七八）年以降、数年間のつぎの事実が自ら出してくれている。

現在の谷中村跡地　（著者撮影）

足尾事業所が絶対に鉱害を出していないと断言する昭和五三（一九七八）年一二月一九日の朝日新聞は、足尾町の砒素《ひそ》が〇・二九ｐｐｍ（許容基準は、〇・〇五ｐｐｍ以下）であったと報じた。翌年一〇月一八日の台風のあと、一六か所で水質検査をしたところ、銅が許容基準の二・五倍、砒素が二倍であった。昭和五六（一九八一）年九月一四日の台風のあとでは、渡良瀬川上流の鉱石堆石場で、許容基準の百倍をこえる砒素、十倍以上の銅を検出した。翌年八月二七日の台風のあとでも、大黒橋で砒素〇・三三五ｐｐｍを検出した。

水質検査に従事していた杉浦公昭氏は、太田頭首工で、県側の係官から「足尾方面で大雨が降った時は、銅やカドミウムを多量に含んだ泥水が流れてくるので、これを取水せず、水門を開けて下流へ流している」という説明をうけている。

実際、渡良瀬川の上流に行くほど、重金属汚染の度はいまだに大きく、これが下流に流されていくわけだから、現在でも鉱害は終わっていないのである。杉浦氏は専門家の立場から、堤防でも道路敷でも宅地造成でも、均一に混ぜない限り、重金属に汚染された地層が露出している所では、たとえば、どろんこ遊びをする幼児が鉱毒に侵される心配があると警告するのである。

二　運動の教訓

残留民の思想

さて、鉱毒反対運動の渦中にあった残留民の心のうちはどのようであったろうか。

自ら残留民のひとりであった島田宗三はそれをつぎのように記している。

要するに闘争などという意識はなく、たゞ各自辛苦の油汗で築いた土地と家屋、これによって生活しなければならぬ境遇、また先祖代々三百年四百年という永い歳月に積んで完成した村落を自分らの代に於て潰しては先祖に申し訳なく子孫にも亦《また》顔向けができない（説得に応ずれば）それは悪政を承認すると共に、直ちに生活から離れることになる。これは到底忍び得ない。惟《おも》うに乱暴な権力に勝つことはできないかもしれない。しかし土から生まれたわれ〱は、土を食ってもこれを守り抜かなければならない（中略）それ（洪水で溺れ死ぬこと）をはじめは台風や火事や外敵よりも恐ろしいと考えていたが、それはわが身のためであり、また国家のためであって、これよりほかに行くべき道がないと思うと、誰ひとり遁れようとする者もない。かれらが先祖や子孫への責任感から家や村を守り抜こうとしている姿勢が明らかである。先祖に対する意識の強さは農民以外の人には理解できないものではなかろうか。

強制破壊が不可避の事態となったとき、茂呂松右衛門は先祖の位牌に向かって、「申しわけない」と泣き伏したし、その息子の吉松は強制執行に動転して、「赤裸々となり、先祖の位牌を抱き、さあ家をブチ壊すなら俺から先に叩き殺して行け」と叫んだ。

先祖からうけついだ財産をへらすことなく、できれば増やして子孫へ渡すことが、民衆、とくに農家の長男の責任であった。その責任を果たすためには、現在の状態を維持することが最低限必要と自覚された。農民が常に自分のことに関心を限りがちなのはこのためである。この関心は、エゴイズムとして批判されやすいが、そしてその批判のあたることも事実だが、エゴイズムゆえに力を発揮することも事実である。田村紀雄氏が、「まず個人や家の諸権利を守るというエゴイズムが村々によって承認され、広められたとき、あの九十年間に及ぶした、かな運動になる」というのがこれである。しかし同時にこのエゴイズムが運動の足をひっぱるのも、同氏が「このエゴイズムこそ、広範であった運動を急速にしぼませる土壌ともなった」という通りである。すなわち、このエゴイズムは民衆運動にとって両刃《もろは》の剣の働きをしたのである。

被害民理解の不十分さ

ところで、こうした被害民の心のうちを、鉱毒反対運動の指導者たちは、田中正造を含めて本当に理解していたであろうか。

まず、正造について林竹二氏は、正造が明治四四（一九一一）年以降、漸《ようや》くにして谷中残留民と一体化しえたと結論する。その主張は説得力があり、それが現在定説になっているようであるが、しかしそれは本当であろうか。

正造が死の病床のなかで、大勢見舞いに来てくれても、自分の事業に同情するものが、いっさいいないのではうれしくもなんともないと嘆いたところに、正造の真意が多くの周辺の人びとに理解されていなかったことを示す。これは逆にいうと正造が被害民の心のうちを理解していなかったことをも意味する。長いあいだ秘められていた正造の遺言につぎのように書かれていたことも、正造と谷中残留民のあいだに埋めがたいギャップのあったことを示している。

問題の同情で来て下さるのは、島田宗三さん一人だ。谷中問題でもそうだ。問題の本当の所は谷中の人たちにも解っていない。

谷中残留民に学ぶことを志した正造ではあったが、かれらに対する不満や批判がなお、避けがたく残っていたことをよく示している。

その原因として、最後まで正造に指導者意識が残っていたことがあげられるのではないだろうか。没年の一月、川島要次郎への手紙で、つぎのごとく書いているのは、いまなおかれの胸中に指導者意識の健在なることをわれわれに知らせている。

村々此理想に乏しき人の多きは又古来の悪慣例、野人土民の常癖とも申すべく、これを改めて人類社交の人情をあらしめ、せめては普通の道理を知らしめ、そろ〳〵少しずつたりとも他人の事を思いやる風俗を稽古致させたく。

民衆側の反省

もっとも私は正造に残る指導者意識をいちがいに批判するものではない。民衆の側にも反省しなければならない欠陥が多くあったと考えるからである。それについて島田宗三は正造の没後、つぎのように総括している。

その滅亡の原因が足尾銅山の暴欲と政府当局の残虐とにのみ起因せずして、一は多年村民が天産に衣食し、その生活を自覚せざるがため、偶々《たまたま》災害至るや、これが除害の意気と耐忍《たいにん》の勇気とに乏しく、加うるに古来の風習か（ママ）奢侈放縦《ほうじゅう》にして勤倹貯蓄の念薄く、傲慢不遜《ごうまんふそん》にして温良謙譲の徳乏しく、利己専横にして社会共存の道を知らず、互いに目前の小利小欲を謀《はか》るに急なるが故に父子相争い（以下略）

この総括をさらに要約すれば、民衆側の欠陥は、気力の欠乏と自分本位主義にあったといえそうである。

支持者側の問題点

つぎに弁護士はどうか。かれらはいつも残留民に他所への移住や買収価格の不当訴訟をすすめた。しかしこれらのすすめは、谷中村からの撤退を前提とするものであり、残留民の心のうちを理解するものではなかった。たとえば、谷中村救済会の信岡雄四郎ら一行は、明治四〇（一九〇七）年七月、不当価格の訴訟を被害民に提起した。信岡らは正造が同席していると被害民の本当の気持ちがきけないと思ってか、正造を排除した形で話し合いをもったが、残留民たちは買収価格についての訴訟ではなく、谷中回復のための尽力をお願いしたいと初期の目的に固執する回答をした。結局、世話になっている弁護士さんのいうことだからと提案をうけいれたのだが、後年、正造はこのときの選択を「当時、法律家に誤らせられた」と後悔した。

鉱害反対運動に対する支持者側の無理解もあった。多くの支持者、たとえば、高橋秀臣・栗原彦三郎らから宮城県への移住を熱心にすすめられて、残留民たちが迷惑したことはすでに紹介した。再有力の支持者の一人、木下尚江ですら、強制破壊当時、トルストイの影響で、おだやかに無抵抗のまま家屋を引きわたすよう何度も力説した。大正二（一九一三）年一月には、島田宗三に「君等の望むことは一切駄目なのだ」とも語った。

残留そのものの意味

結局のところ、谷中残留民の気持ちを本当に理解できた人は、正造を含めて一人もいなかったといえるのではないか。外部からの支持者はすべて残留という行為そのものの思想的意味を考えるべきでなかったろうか。つまり、残留しつづけることは、それだけで明治政府の圧制に対する民衆の示しうる最高の抵抗になるということを。それというのも無力そのものにみえる残留という行為は、その後、実は大きな政治的効果をあげたからである。すなわち、残留民の粘り強い残留によって、谷中村強制破壊が事実上、無効果であったと、栃木県議会でしばしば論議されているからである。また大正四（一九一四）年一二月二三日付の下野新聞も、「すくなくとも谷中村買収事件においては、かの強制力を有する土地収用法も行政執行法も、事実上なんらの効果を示さゞりしにあらずや」といった。

三　現代史的意義

田中正造の現代史的意義としてあげられるものはなんであろうか。私は以下の四点をあげてみたい。

田中正造の影響

第一は、かれの言動の後世に対する影響である。河村祥生氏はこの点についてつぎのようにいう。

> 足尾鉱毒事件は表面的には負戦《（ママ）》であったが（中略）大切なことはそのことだけではなく、彼の行動と言葉が民衆に対していかなる影響を与えたか、後の公害問題への人々の関心対応への引金になったかである。この点では彼は勝者だといえる。

かれの行動の、人物への影響のひとつとして、大正期農民運動の指導者、渋谷定輔《しぶやていすけ》が埼玉県の川辺村へ入ったとき、近所の年寄りが「田中正造」を語り出し、この際、その体験を家族全員に話しておきたいという風だったと回想していることをあげたい。川辺村は正造のおかげで廃村になるのをまぬがれたので、一層、正造への思い入れは強かったのであろうが。

昭和五五（一九八〇）年に完成した『田中正造全集』（岩波書店）には厖大な量の正造の書簡が収められている。これは正造から手紙を貰った人が、反対の立場の人も含めて、それを大切に保存していたことを示す。なかには書簡や和歌を表装して飾っている人もいる。ここにも正造の影響が直接に姿をみせている。

佐野市高山では、いまでも田中正造に感謝する田中正造報恩念仏講がつづいていて、正造の事績をよみこんだ報恩和讃がうたわれている。

正造の民衆運動に対する影響としては、たとえば、それは三里塚における成田空港反対闘争や愛媛県の伊方《いかた》原発訴訟のなかで、正造の「一声関東に不平あり」や「辛酸亦入佳境」という言葉が甦《よみがえ》っているところにみられる。辛酸な苦境にある農民にとって、同じ辛酸を体験し、かつそれを佳境と悟った正造の存在が大きな抵抗の力と感じられたのであろう。このほか谷中村の農民と三里塚の農民には共通したものがある。それは政府が自分たちの暮らしに必要な土地の取り上げを勝手に自分たちの頭越しに決定したことへの怒りである。明治四一（一九〇八）年三月、谷中残留民の女性四人が「谷中村復活請願書」を議会へ提出したが、そこには「栃木県の御役人方は多くの人の為めだからとて私共の住みなれた此村を瀦水池にしなければならぬと勝手にきめてしまったです」とあった（島田宗三家文書一〇、県立文書館）。なお、ビック＝カーペンターは正造と三里塚農民の抵抗とに共通点を見出だす論文を書いている。

また北富士演習場訴訟と足尾鉱毒反対運動のあいだに、女性の力、つまり農民女性のしぶとさ、強さの共通点をみつけたのは井手文子氏である。

伝統思想再考

ところで、いわゆる伝統思想は古くさくて価値をもたないと思われがちである。江戸時代の民衆思想が現代のわれわれにとって伝統思想であることは間違いないが、ほんとに江戸時代の民衆思想は現代のわれわれにとって価値をもたないであろうか。

すでにみたように田中正造は伝統思想と近代思想をともにもつ人であった。ただ、かれにあっては、伝統思想と近代思想がはっきりと区分されて存在したのではない。両者がないまぜになって総体としてかれを支えていたのである。伝統思想に価値がないなどとかれはまったく考えていなかった。それどころかかれは伝統思想を近代の時代に生かそうと努めていたのである。かれの努力は、簡単にいえば、伝統に基づく革新である。いかなる革新もなんらかの伝統に基づかなければ成就しない。この意味でも、正造の近世的伝統に依拠した毎日の努力は注目に値する。「伝統に基づく革新」が必要であり、可能であることは、三里塚反対闘争などの現代の民衆運動が、足尾鉱毒反対運動や田中正造を評価しているところに明らかである。

正造が近代の時代にとりいれようとした近世的伝統思想の最たるものは、民衆の生活を最優先すべきという近世の儒教的政治理念であったろう。このことは第二編の第Ⅰ章で詳述されるが、この近世の儒教的政治理念はそれを省みない近代において、民衆側の抵抗権となって復活するのである。近世的伝統思想をつきつめることによって、意外にも西欧の近代思想に通じるラジカルな思想が生まれたのである。

色川大吉氏が『私にとっての田中正造』（田村紀雄編、一九八七年、総合労働研究所、一二九二頁）で語るつぎのことばは、伝統に基づく革新の必要な現在、とくに示唆的である。

田中正造の思想の中にある伝統的な思想ですね。現実の矛盾を解決する一つの道具として、自分の伝統的思想を自分の内部を通して、革新しながら使っている（中略）私たちはよく近代思想というのは、やはり非伝統的思想であって、近代思想は何といっても自由とか平等とか権利といった西欧で作られた哲学の概念を含んでいるものでなければならないという先入観を植えつけられてきた。ところが自由とか平等とか権利とかいう言葉は使わなくても、日本の儒教の伝統の中なり、あるいは国学や実学の思想の中にそういう実体的には全く同じものをそこから引き出して、民衆の耳にわかりやすい形で展開する思想方法があるんだということを田中正造などは自ら身をもって示してくれたと思うんですよ。

色川氏はいっていないが、ことは儒教・国学・実学といった思想のなかだけではない。民衆の日々の営為のなかに、明治時代に入って言葉を与えられる平等権・自由権・生存権といったものが広く展開していたのである。なぜなら、私がこれまで長年、取り上げてきた村方騒動、利潤獲得要求（国訴など）、百姓一揆などは、それぞれ明治時代に入って権利という言葉で表現されるようになった平等権・自由権・生存権の近世的先駆現象にほかならなかったからである（拙著『江戸時代の民衆思想』一九五五　三一新書参照）。

権利要求の存在

現代に生きるわれわれにとって、伝統思想はもはや近世の民衆思想だけではない。明治時代以降の民衆のさまざまな体験、そのひとつに田中正造が生命を賭けた足尾鉱毒事件も入るが、そこでみられた多くの教訓――これが新しく追加された伝統思想である――を現代に生かして望ましい社会や新しい歴史を形成することが大切である。これこそが現代のわれわれに与えられた「伝統に基づく革新」の一大事業ということになろう。

公害との関連

第二の現代史的意義は、公害との関連である。数えきれないほどの公害病を抱えこんでいる日本及び世界にあって、正造の訴えは新しい力と意味をともなって復活した。それほどに足尾鉱毒問題は現代の公害病にそっくりそのままあてはまるのである。たとえば、神原聡氏は足尾鉱毒事件と水俣病を比較検討した結果、「加害企業の性格と体制側の対応姿勢」、つまり、「企業の利潤を最優先し、環境や操業に伴なう危険は無視する。人命より利潤を尊重する特徴は恐ろしく似ている」と指摘する。私見であるが、諸公害の類似面を比較検討すれば、政府や企業側の対応が分かり、反対運動にとって有益であろうと思われるのだが。ところで、現在、ふつうに使われる「公害」という言葉に近い「公益に害する」という言葉を、正造はすでに使っている。明治二九（一八九六）年一一月、農商務大臣榎本武揚あての請願書のなかで、「古河市兵衛の私利を維持せんがために、多数人民の公益を害すると共に、延《ひい》ては国家の公益をも侵す」といっているのがそれである。

環境問題との関連

第三の現代史的意義は、環境問題への貢献である。国内はもとより国際的にも環境問題が関心をよんでいる現在、正造の提起した環境破壊に対する警告は、現代人であるわれわれに広く該当するところである。たとえば、環境に対する人間の態度として正造は、「土地を敬え、土地が実りをもたらすその力を救え」と、自然をまるで人間のように擬人化し、敬虔《けいけん》な態度で接せよといった。このことは現代のわれわれの自然とのあるべきつきあい方をさし示すものである。「水は自由に高きより低きに行かんのみ。たとえ国会できめても、法律利（ママ）

屈威信〳〵と威張っても、水は法律利屈の下に屈服せぬ。水は人類に左右されるものでない。水は誠に神の如きもの」という治水観から、河川をつけかえ、遊水池をつくって水を滞らせ、川幅を堰《せき》でせばめて水を逆流させる当局を批判したのも、環境破壊への怒りからであった。環境破壊への心配が国際的であることは、たとえば、足尾銅山と谷中村を見学した東京工業大学の東南アジア留学生が、いったん環境を破壊したら、その修復に百年以上もかかることを実感した。かれらを引率した飯田賢一氏によれば、「留学生たちは丸はだかの足尾銅山の現実と正造の人間思想から日本の教訓をみずからのはだで学びとった」という。

倫理の提示

田中正造の現代史的意義の最後に問題にしたいのは、かれが現代人であるわれわれに、歴史のあるべき姿と人間としてのあるべきあり方（つまり倫理）をさし示していることである。

前者について、F・G・ノートヘルファ氏（カリフォルニア大学ロスアンゼルス史学部教授）は、田中正造の重要性をつぎのようにいっている。

「発展」を停止しようとしたことではなくて、国家は何を優先させるべきか、発展の過程はいかにあるべきかという問題を遺産として残したことである。近代の突進において手段と目的が逆転しているのを感じた。

人間の生命や幸福を最優先させる歴史こそあるべきものであることをいっているのである。

それでは後者の点についてはどうか。田中正造の、つねに人間の生命や幸福を最優先しつづけた不屈の人生は、人に生きていく勇気を与える。つまり、あるべき人間の道をさし示すのである。この点について、ケネス＝ストロングはつぎのようにいう。

田中は確かに彼の目標を――それは実に根底的な目標だった――成就することはなかった。だが、後に続く人々にとっては彼の失敗は教訓に満ちているのである。とりわけ彼がその孤独なたたかいのなかで示した勇気は、常に人の力をかきたててやまない。

まとめ

最後に、第一編のまとめにかえて、田中正造の思想を、自力性と他力性の観点から簡単に整理しておこう。すでにそれぞれのところでふれてきたのだが、政治家となる四〇歳までは（第Ⅰ章「思想の醸成期」）、自力性と他力性が同じ比重で混在していた。政治家になってからは（第Ⅱ章「思想の展開期㈠」）、政府・政党・議会・憲法・法律・天皇といった政治的諸制度に頼る他力性が顕著であった。ところが同じ時期、民衆運動の指導者としては（第Ⅲ章「思想の展開期㈡」）、自力を頼んで民衆を指導しようとする自力性が特徴的であった。それが直訴に失敗した六二歳以降は（第Ⅳ章「思想の完成期」）、個人としては、さきに期待した政治的諸制度への失望から、ひとりででも谷中を救おうとする自力性が顕著になるが、民衆運動の指導者としては、残留民の不退転の姿に接して、精神的覚醒がおき、やがて民衆のもつ力（他力）に目覚めることになった。もっとも、この場合の他力性は民衆の不服従の倫理に頼るものであり、さきの政治的諸制度に頼るものではない。こうしてこの時期の正造の思想は、前期と対照的な特徴を示す。ただ、個人としての自力性は、残留民と共同の闘いのなかで、次第に残留民の力を畏敬する他力性へと収斂《しゅうれん》していった。したがってこの時期の正造の思想は時間的に自力性から他力性へと比重を移し、相対的に思想の完成を示したのである。

ともあれ、田中正造の思想は、以上に試みたような自力性と他力性という分析軸でみるとわかりやすいように思われるのだが、いかがであろうか。

第二編

はじめに

第二編では田中正造の思想を中心にとりあげる。最初にとりあげる正造の政治倫理思想は、正造の様々な思想のなかでもっとも重要と私の考えるものである。第一編でもとりあげることはできたが、時間の流れに沿って記述したために分断されてしまうので、その重要性を考え、この第二編でまとめて考察することにした。つぎにとりあげた正造における近世と近代はすでに少しずつふれてきたものであるが、まとめてとりあげることでよりその重要性が理解されるであろう。

Ⅰ　政治倫理思想

田中正造にとって政治とはなにか。あるいは政府とはなにか。さらには政治家とはどうあるべきか。本章では、田中正造のこうした政治のあるべき姿に関する思想、つまり、政治倫理思想について考えてみたい。

一　為政者倫理の要求

政治とはなにか

さて、田中正造は「政治とはなにか」と問われたらどのように答えたであろうか。その答はすでに明治一三（一八八〇）年一〇月、栃木県会議員となった四〇歳に出されている。それは国会開設建白草稿のなかにある「国に政府あるは固《もと》より臣等人民の福祉を企図《きと》せんがため」という言葉である。これはその後、「政治の目的は民を治するにあり」ともいいかえられた。

「民を治する」とは、民衆を幸福にすることにほかならず、したがって民衆を幸福にすることが

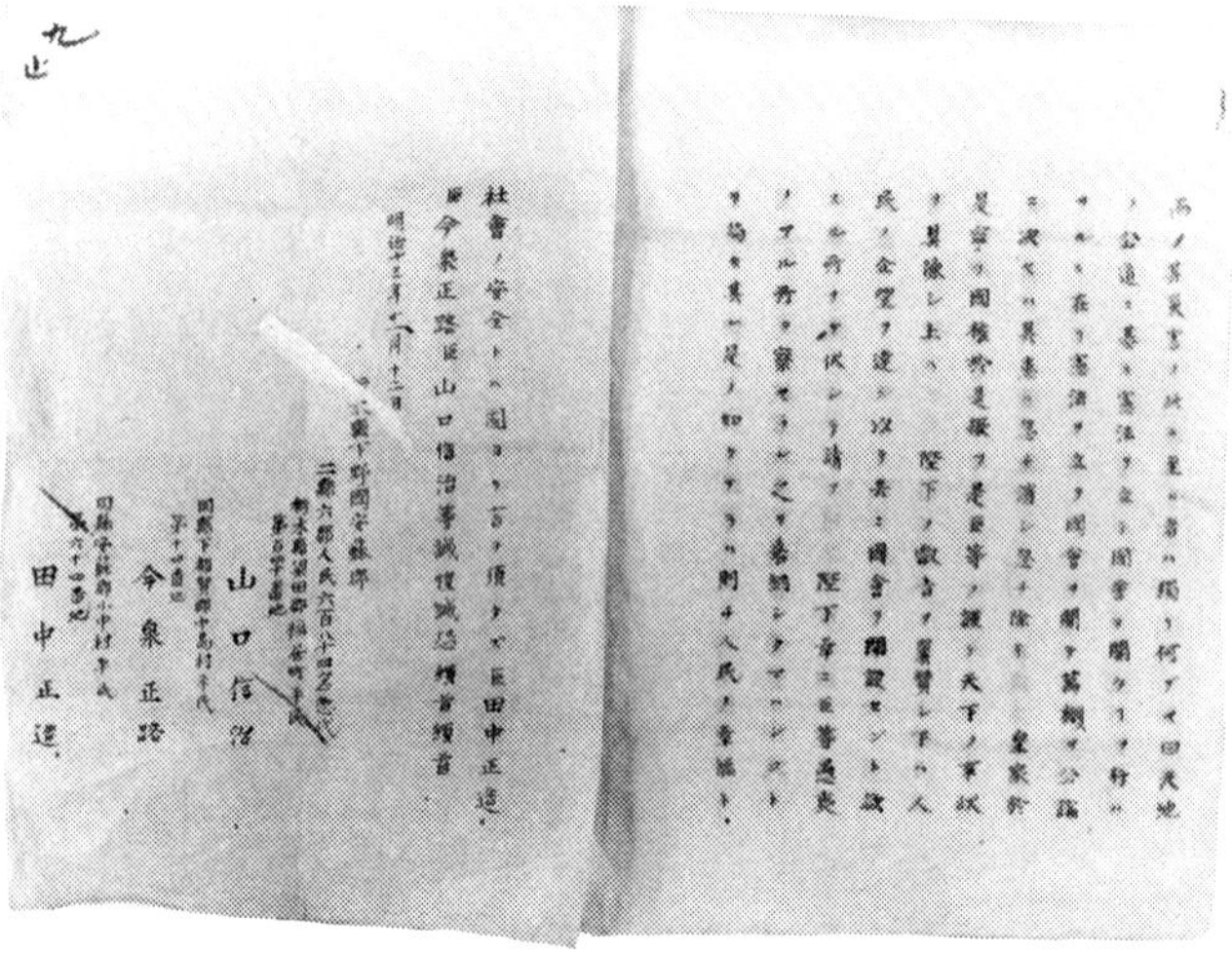

田中正造ら中節社の国会開設建白書の控（部分、明治13年11月12日，惣宗寺蔵）

政治であり、その実現に努める機関が政府であり、その目的のために献身する人間が政治家であった。すなわち、民衆を幸福にするために専念するのが政治家のあるべき姿、つまり、為政者倫理なのであった。

それでは日本の政治家は自らのあるべき姿である為政者倫理を実践したであろうか。その答は残念ながらほとんど否である。日本の長い歴史を通してみても、為政者倫理にはげんだ政治家を見出すことは困難である。田中正造の生きた時代も同様で、当時の政治家はその任務である民衆の幸福実現をはかるどころか、逆に民衆の幸福を剥奪することに熱心だったのである。

こうした為政者倫理から逸脱した政治家に対し、田中正造はどのように対したであろうか。かれの対し方は、江戸時代の民衆が当時の為政者に対したと同じもの（次章参照）で、それは二種類の為政者倫理の要求に整理することができる。すなわち、それは民生の安定を為政者の責任として要求するものと、正義の実践を為政者の義務として要求するものの二種類である。

民生安定の要求

第一に、政治家に民生安定をその責任として追及したものとして、たとえば、明治四二（一九〇九）年の渡良瀬川改修工事に対する反対意見書がある。

一村を亡ぼすは即ち一国の一箇を亡ぼすなり。これを忍ぶべくんばはたまた何事をか忍ぶべからざらん。我々人民また愚なりといえども、父母あり兄弟あり妻子あり。我々愚にして貧なれども一の人情をしれり。この愚なるこの貧なる我々人民を侮《あなど》り、この村及び他の村々をもあわせ亡ぼさんとするはまさにこれ国家の大賊なり。

民生安定を責任とする政府が村を滅ぼし村人を苦しめることはなにごとかと抗議しているのである。

このほか明治政府に対する民生安定の要求は枚挙にいとまがない。かれの生涯のほとんどがそれにつきるといっても過言ではない。明治三三（一九〇〇）年、正造は政府に対し、「政府であるからいかにせばこの人民を救いうるか、いかにせばこの窮民を救いうるか」を考えよといい、同三七（一九〇四）年、「かく国民社会を欺きて人民を殺して天下平かなりと偽るか」と糾弾してやまなかった。

しかし結局、正造の生きているあいだ、明治政府は正造の批判にこたえることがなかった。七三歳で没する大正二（一九一三）年にも、なお正造がつぎのように明治政府を告発しているのを見るのは悲しい。

数十年間自慢《（ママ）》に暴勢を振い良民を虐げまたは欺き（中略）村落を滅亡せしめてまたこれを奪へ《（ママ）》その人民を追逐《ついちく》し、あるいは偶々《たまたま》正義を叫ぶものあらばあらゆる悪辣《あくらつ》手段をめぐらせ、しかしてもって苦情を唱う町村および人民の根本を絶滅することを《（ママ）》努めたり。

正義実践の要求

ふたつめの為政者倫理である正義実践を為政者の義務として追及した場合はどうか。正義実践の具体的な内容としては、法律遵守、不正の取締りなどであるが、前者の点では、最重要の法律である憲法を政府が遵守していないとつぎのように指摘した。

今や憲法の実を挙げよ〳〵と云う声が国民にあって政府にないのは何事である。憲法の実を挙るに就いて怒るものは先《まず》政府の責任である。即ち憲法的責任の実を挙るこそ民党よりも一歩先きにやっていかなければならぬのである。然るに政府はこれに対して怒らず即ち責を免れたり。

不正の取締りの点では、官吏・警官の民衆に対する虐待への抗議がある。明治一七（一八八四）年八月、栃木県下都賀郡乙女宿の農民に巡査が乱暴し、数人を拘置して拷問《ごうもん》にかけたことに対し、

「剰《あまつさ》へ官吏にして人民に傷づつけ《（ママ）》負傷者を拘置し、自己の非をおおわんがためか拷問をもって良民の身体を汚《け》がす等に至りては、実に捨て置きなりがたき挙動と云うべし」と強く抗議したのである。

不正批判のうちには、不公平な政治に対する憤りもあった。もともと正造は若いころから平等感覚に敏感な人間であった（第一編第I章参照）。だから政治は少数特定の人間の利害中心に動かされてはならないという信念をもっていた。「政は正なり、天心にして私しすす《（ママ）》べからざるは山河流水のごとし」というように。正造が生涯とりくむことになった足尾鉱毒問題は、この信念と真正面から衝突するものだった。なぜなら古河市兵衛の経営する足尾鉱山が渡良瀬川沿岸の人びとに甚大な鉱害を与えているにもかかわらず、本来その監督の立場にある政府が鉱山の発展の方を優先させて一方的に古河側を庇護《ひご》したからである。正造はこうした政府の不正を「多くの人民をうとんじて一人の金持を愛する仕方」といい、衆議院・貴族院の両院に対し、「お役人方の金持の肩ばかり持つという御了見違いをあなた方の義の力によって改めさせて頂きたい」と要請した。

二　政治批判の根拠

それでは正造の生涯にわたる政治批判はどのような根拠にもとづいてなされたのであろうか。この根拠こそは、正造のねばり強い抵抗を背後から支えた信念であり、正造の思想の核心部分であった。

仁政主義

民生安定と正義実践を為政者の倫理として当然とみなす仁政主義は、実は前節でみた為政者倫理の要求そのものである。したがってここではその具体例についてふれることをしないが、いつの時代の為政者もこの点をもち出されると、その正当性を認めざるをえないのである。なぜなら、民衆を幸福にする、具体的には民衆の生活を守り、向上させるために、為政者が必要とされる事情はどの時代にも共通していたからである。ここで大事なことは、民衆の幸福達成が目的であって、為政者はそのための手段でしかないということである。正造はこのことを「民は国の本、吏は民の雇《やとい》」と認識しており、また年月不詳ながら、「官吏は民の役たり。民に率先して死するを常とす」ともいっている。

ところで仁政主義は民衆の幸福実現を最優先させる主義である。いわば民衆中心主義である。そ

帝国議会で質問に立つ田中正造　（小口一郎版画）

れも正造の場合、貧民中心主義である。それは栃木県会議員のころから顕著であった。たとえば、かれが中学校の新築に反対したのは、金持ちの子弟しか行けない中学校への県費の支出が、小学校もろくに行けない多くの貧農の子弟に対して不公平になるというものであった。またかれが県中央部にある県立病院を廃止して、その費用で県下各地に地方病院を建てよといったのは、県下の衛生状態をよくした方が県下に広く散在する貧民にとって有益だからと考えたためである。

かれの民衆（貧民）中心主義は、国会議員になってからも変わらなかった。むしろいっそう、その主義は生彩を帯び、言論だけでなく行動にまで及んだ。明治二九（一八九六）年九月八日、栃木県地方が大雨にみまわれたとき、たまたま県下にいた正造は、堤防補強の濁流に自ら飛び込み、しばらく生死があやぶまれた。友人から、小事にかかわって生命を落とすようなことをするなと忠告されたが、正造は「予今国会議員たりとて水防夫と異なるなし。水防夫もまた議員と異なるなし」と答え、民衆のためになることなら国会議員であろうとなかろうとなんでもやるといった。

正造の国会活動はやはり足尾鉱毒問題をめぐる発言が中心である。民衆中心主義からなされた発言は枚挙にいとまないが、明治三四（一九〇一）年三月の「もし国用足らざれば農商を廃せ。そのほか内務、――、――、陸海軍をも廃せ。国民を虐待せる政府は全廃する可なり」は、代表的なものである。かれの民衆中心主義の前には、政府の各省も軍隊も政府自体も影がうすいのである。

天皇の権威

明治時代、天皇の権威は絶対であった。そこで正造はそれを徹底的に利用して、鉱害反対運動を有利に展開しようとした。かれが天皇にかかわるすべてのことを持ち出して政府を批判したのは、そうすると政府がそれに対抗できないことを熟知していたからである。

正造が第一に依拠するのは、明治天皇によって宣言された五箇条の誓文であり、それに関連する聖旨である。周知のように五箇条の誓文は、明治元（一八六八）年三月一四日（陰暦）に、明治天皇が国の内外に宣布した明治維新政府の基本的な政治方針である。誓文のなかには、「万代保全、道を立んとす」という仁政をめざす天皇の決意もあり、その開明的・協調的な誓文の内容に当時の民衆は夜明けの到来を確信してよろこんだのである。

また天皇が「億兆に告《つぐ》るの翰文《かんぶん》」のなかで、「一身の艱難《かんなん》辛苦を問わず、親《みず》から四方《よも》を経営し、汝《なん》ぢ億兆を安撫し、遂には万里の波濤を開拓し、国威を四方に宣布し、天下を富嶽の安きに置かんことを欲す」と、民衆に仁政をはっきりと約束したことに感動したのである。

しかし、明治時代が始まっても民衆の生活は一向によくならない。むしろ逆に江戸時代より苦しくなった場合も多い。となると、民衆はさきの天皇、ひいては政府の約束を疑い始める。明治初年の農民騒擾《そうじょう》や明治一〇年代の過激な自由民権運動の多くは、明治維新政府の約束違反を憤っておこされたものである（次章参照）。

以下、五箇条の誓文や聖旨、詔勅《しょうちょく》にもとづく正造の批判を紹介してみよう。正造は、明治二二（一八八九）年、五箇条の誓文のひとつ「旧来の陋習《ろうしゅう》を破り天地の公道に基くべし」を引用したうえで、上級者の権威を恐れて悪政をしく地方官僚を批判して、「官民にして今にこの陋習を改むる心なくんば却ってその弊害を増長し、その罪悪をなして憚《はば》からざるに至りては、実に聖旨に対するの罪人ならずや」といった。同三三（一九〇〇）年三月には、官吏が鉱毒の被害民を救わないのは、いや救うどころか逆に暴威暴力で被害民を苦しめるのは、「一視同仁と勅《みことの》らせ玉えたる　陛下の臣民たる一部の良民を虐待するものにして、是れ　陛下の聖旨に大いに違《たが》えたる者と云わざるべからず」と批判した。明治四〇（一九〇七）年の谷中村住民の家屋強制破壊を「畢竟《ひっきょう》政府が手を下して臣民の住せる家屋を破る〔と〕云うは、憲法発布勅語の許さゞる処」といった。

正造が明治天皇を引き合いに出すのは、ただ単に戦術上からだけではない。かれが心底から天皇の民衆に対する慈愛の心を信じていたからである。この心境は明治時代の民衆に広く共通するものであり、それは江戸時代の苦しさから民衆を救い出してくれたことへの感謝の気持ちと、五箇条の誓文や聖旨にみられた仁政の約束に対する期待からくるものだった。正造の場合は、明治天皇を「天皇陛下我先祖なり」と自分の先祖とみなしているところから、その先祖が子孫である自分、ひいては国民を不幸にするはずがないという信念が強かった。そこで正造は明治三三（一九〇〇）年、「我々の身躰《しんたい》は、我々の身躰にあらず（中略）国家の義務を負える、全《まった》き責任ある陛下の臣民なるぞ。我々の身躰に傷《きずつ》くるものは、即ち国家に傷くると同一なるぞ。陛下の臣民に傷くるものなるぞ」と、国民と天皇との直結性を強調した。

さらに正造は国民を無視することが天皇の無視・殺害につながると警告した。新任の栃木県知事に対して、明治四五（一九一二）年にいった「沿岸地の人民を無視せるは即ち国民を無視せるなり。陛下の臣民を無視せるなり。即ち、陛下を無視せるなり」がそれである。古河鉱山の営業を許せば、全国いたるところが「焦土となり、人民は勿論陛下の御座もなきに至る」、それどころか、それは政府が「法律濫用して陛下を殺害するものなり」と断言した。

ところで正造の批判はいつも明治政府の官僚に向かうばかりで、明治天皇に向かうことはなかった。しかし天皇を批判する芽がなかったかというとそうでもない。明治二九（一八九六）年五月に、「今日の如く憲法には大臣の責任明記ありて、大臣責めを負わず、恐《おそれ》多くも却《かえ》って天皇に御責任あり」と、いまの日本のように大臣が責任をとらないのなら、天皇にその責任が移行するといっているからである。

なお、正造が天皇に好意的なのは、天皇を自分たち国民の先祖と考える一体感からでもあるが、また天皇が明治憲法第九条で、「天皇は法律を施《（執）》行するため、または公共の安寧秩序を保持し、及び臣民の幸福を増進するために必要なる命令を発し、または発せしむ」力を持つ人物だったからでもある。しかしかれの期待がついにみのらなかったことは、死を賭けて敢行した天皇への直訴が目的を達しなかったところに明らかである。正造の天皇への期待は、一方的な思い入れに終わったのである。

権利

正造は権利という言葉にも依拠して、自らの主張を正当化したが、この権利という言葉の力を自覚したのは自由民権期だったと思われる。というのも当時は啓蒙思想家や自由民権家によって、「天賦人権説（人は生まれながらにして、侵すことのできない自由・生存などの権利を有するという説）」が広められ、人びとはその説を拠り所にして自らの主張を正当化したからである。正造の依拠する権利概念も、「権利生命は天のものなり。財産も天より与えられたるなり。妄《みだ》りに失うべからず」という言葉から、天賦人権説であったことはいうまでもない。

明治の民衆はそれまでの民衆の、為政者の慈恵を待つだけの消極的・受動的な仁政の要求から、天賦人権説という有力な理論に支えられて、より積極的・能動的に権利（当時は民権とよばれた）

の伸長をめざしたのである。

権利のありがたさ

明治時代の民衆がいかに権利ということばによって勇気づけられたかは、明治二五（一八九二）年五月、鉱毒の発生原因を足尾銅山以外に求める意見に対し、正造が「こういうことで世の中を誤魔化《ごまか》すということはどうも明治の今日においては御見合わせなさる方がよろしい、御見合わせになることが御嫌やだとおっしゃっても、見合わせさせてみせるということがこちらに権利があるのである」と、強気に反発しているところにうかがわれる。江戸時代から明治時代へ歴史が確実に進歩したことの確信を背景に、民衆側が獲得した権利を頼りに生きていこうとしている様子がよく知られるのである。

ただ、権利という言葉は何分、まだ民間ではなじみがうすい。そこで正造は権利観念の弱い村人に権利の重要さを徹底させようと考えて、明治三八（一九〇五）年一二月、つぎのような「谷中村一ツとや節」という数え歌をつくった。

谷中村一ツとや節

一ツとや　人に権利を割かれるな
二ツとや　二股大根割かれても
三ツとや　自ら避けるな退くな

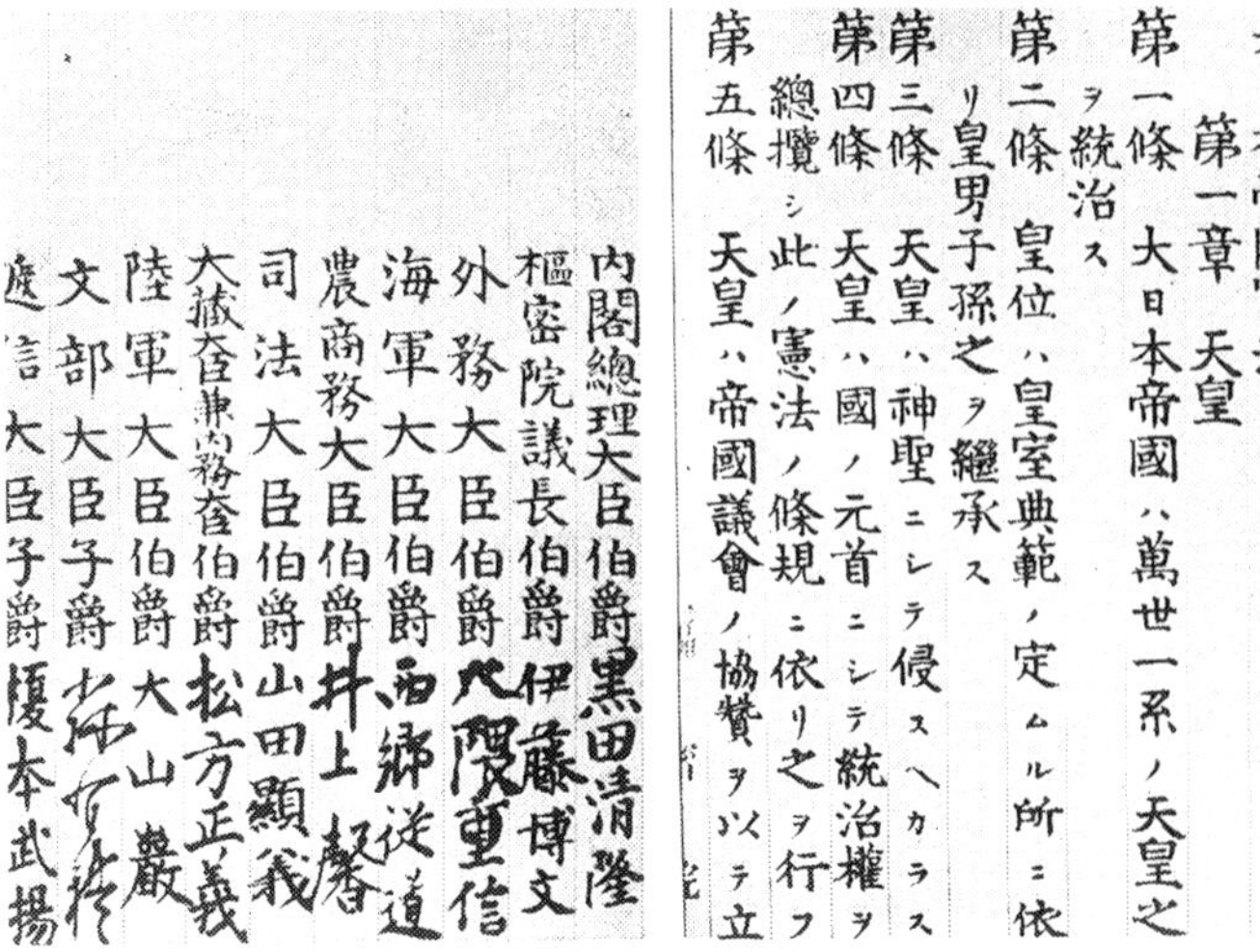
大日本帝國憲法

第一章　天皇

第一條　大日本帝國ハ萬世一系ノ天皇之ヲ統治ス

第二條　皇位ハ皇室典範ノ定ムル所ニ依リ皇男子孫之ヲ繼承ス

第三條　天皇ハ神聖ニシテ侵スヘカラス

第四條　天皇ハ國ノ元首ニシテ統治權ヲ總攬シ此ノ憲法ノ條規ニ依リ之ヲ行フ

第五條　天皇ハ帝國議會ノ協贊ヲ以テ立

内閣總理大臣伯爵黒田清隆
樞密院議長伯爵伊藤博文
外務大臣伯爵大隈重信
海軍大臣伯爵西郷従道
農商務大臣伯爵井上馨
司法大臣伯爵山田顕義
大蔵大臣兼内務大臣伯爵松方正義
陸軍大臣伯爵大山巌
文部大臣子爵森有禮
逓信大臣子爵榎本武揚

「大日本帝国憲法」の原本

四ツとや　餘《よ》っ程《ぽど》権利は大切さ
五ツとや　いつでも権利は重んぜよ
六ツとや　無暗《むやみ》に権利を捨てるなよ
七ツとや　なんにも罪なき人民よ
八ツとや　やたらに谷中を逃げ出すな
九ツとや　このわがけんりは力なり
十とや　十が十一大勝利

このなかでも特に重要な部分は、九番目の「このわがけんりは力なり」である。「わがけんり」の右側に○印がうってあることから、正造自身もこの部分を強調したかったことが知られる。正造が権利を民衆の生きていく力として認識していたことが知られて興味深い。権利が重要なのは、観念的な理念としてではなく、民衆の生命を支える実際的な力としてであった。ここには理念より実際を重視する近世以来の民衆的特徴がよくみられる。

立憲主義

明治初年の自由民権運動が求めた民衆の権利（民権）は、きわめて不十分ながら、いくらかは明治二二（一八八九）年の大日本帝国憲法（以下、明治憲法という）に成文化された。たとえば、第二七条の所有権不可侵の条項や第三〇条の請願権などである。ことばとして成立していた権利がまがりなりにも文章化されたことの意義は大きい。

江戸時代に生まれ、主家六角家とのあいだで政治運動を体験した正造は、江戸時代のような領主の慈悲をただ受動的に期待する仁政主義の主張だけでは不十分であることを身をもって体験していた。そこでかれは欠陥の多いものではあれ、新しく成立した憲法に期待をかけたのである。

法律による保護

正造は明治時代の民衆が明治憲法と諸法規によって保護されていることをくりかえし主張した。とくに江戸時代の民衆の不確かな日々とくらべて、たとえば、明治二六（一八九三）年一月、「土百姓を巡査が殺したるぐらいの小事」という人に対し、「不肖《ふしょう》も土百姓なり。巡査も人間の部にあり。そこが立憲の有難なり」と、憲法にもとづいて反論した。ここには憲法に依存する政治体制のおかげで、初めて巡査も百姓も人間として同じだといえるようになった喜びがあふれている。

かれは翌年の一月、「憲法の実挙ぐる能《あた》わざれば国民の幸福をいかん」といっているが、これは逆にかれが憲法によって民衆の幸福が招来されると期待していたことを示している。実際、明治憲法の第二七条「日本臣民はその所有権を侵さる、ことなし」という所有権不可侵の条項に依拠すれば、谷中村住民が政府によって家屋を破壊されたり、村から追い立てられたりするばかなことはないはずだった。そのうえ足尾鉱毒事件の原因を作った古河鉱山の営業も、日本坑法第十款第三項の「試掘若《もしく》は採製の事業公益に害あるときは農商務大臣は既に与えたる許可を取消すことを得」という条項や、鉱業条例第一九条第一項の「試掘もしくは採掘の事業公益に害あるときは、試掘についてては所轄鉱山監督署長、採掘については農商務大臣既に与えたる認可もしくは特許を取消すことを得」という条項にもとづけば、当然、禁止できるはずのものであった。だから正造は、谷中村の強制破壊に対しても、憲法の精神にもとづいて抵抗した。

日本が憲法や国会をもつ近代国家になったにもかかわらず、なぜ日本では憲法や国会にもとづく立憲主義がうまく機能しないのか。正造は、日本人民がもっとも重要な所有権を含む権利全般について無関心で、「立法思想の何たるを解する事」のできない政治家が多くいることを直接の原因としてあげ、さらにその遠因として日本人が江戸時代の影響によって、権利の重要性を認識できなくされたといっている。

晩年の正造はこうした日本の状態に対し、絶望の念を吐露するようになった。すでに明治二四（一八九一）年、「憲法死法にして国家の活潑を得んとす」とか、明治三〇（一八九七）年、「今は立憲政治の絶望、終に人民怨府《えんぷ》となる」といっていたが、同四〇（一九〇七）年には、「今や憲法その跡ちて(ママ)影だにも見えずなりにけりぬ」と深い諦めを語っている。しかしとはいっても憲法への絶望は本心からのものではなかったようで、最晩年の明治四四（一九一一）年には、なお憲法への信頼を、「不正政事(ママ)は仮令《たとい》政府の名をもってすといえども、もって憲法を動かす能わざるなり。けだし国民をしてその向かう処を知らしめたる帝国憲法は依然として存し、天理人道は日月よりも明らかに人の良心を貫いて動く」とのべているのである。

政府の側に憲法を実施しようとする気がないとすると、その政府に抵抗して鉱毒反対運動をしている側が憲法を守り、実践している人になるのではないか。かれは谷中村の元の屋敷跡に仮小屋を建ててあくまでも住みつづける一六戸の残留民たちを、「水中に葬られつ、憲法擁護のため忍耐居住罷りあり候者共」と呼び、かつ自らを含めて「我々は只《ただ》辛うじて生命を保して憲法と生死を共にするものなり」といった。

国民側の義務履行と見返り

正造の明治政府に対する為政者倫理の要求は、国民の義務履行を楯にとってなされもした。正造は政府の側に一方的にその責任と義務を要求したのではない。それと同時に国民の側にも「人民たる者はその政事(ママ)に参与して応分の義務を尽し、陛下煩労の幾分を減さんと欲す」と考えていた。そしてその応分の義務とは、「それ国に政府あれば、人民より費用（即ち租税）徴兵を出さゞるべからず」つまり、税と兵役の負担であった。だから国民の側がこの両負担を果たしている限り、それを根拠に政府側の為政者倫理を要求することができたのである。たとえば、そのひとつが、明治四〇（一九〇七）年七月の「納税兵役の義務を怠らざる人民をして虐待し、既に本年九月迄家屋納税済の家屋を破り、かつては出兵軍人の家屋を破らしめたること」である。

両義務（納税と兵役）の履行を根拠とした正造の批判はつぎの点でも注目される。それはかれが国民側の義務履行を、為政者側の仁政を期待するためになされたと考えていることである。つまり国民側の努力に対する政府側の見返りを必要としているのである。このことを正造は「法律の保護を受けなければ、法律を守る義務はないのである」とか、「明年又増税あらん。畢竟《ひっきょう》国民納税の義務なし」と明瞭にいいきっている。国民と政府とのあいだの、こうした契約にも似た双務的関係の認識は近世の民衆にもあったものであり、きわめて即物的な民衆意識であった。

人道上の理由　人道上の理由を根拠として、政府に為政者倫理の実行をせまるときがあった。これは正造が人道上の理由を絶対に正しいものと考えていたことを示している。たとえば、明治四二（一九〇九）年三月、正造は政府による谷中村の強制破壊を「日本開国以来未曾《みぞ》有《う》の珍事にして、人間に《（の）》破壊憲法の破壊けだしこれより甚しきはあらざるべし」と、人道上の理由から強く抗議した。

かつて関東随一の肥沃な土地だった渡良瀬川流域を米一粒とれない荒野に変え、その地の住民を飢餓に追いやって省りみない政府の態度は、もとより人道的でなかった。ために同年一一月、正造は「断言す、日本人道すでに滅亡す」といった。

人道の重要性を自覚するのあまり、正造は明治四三（一九一〇）年九月、人道会という組織を作ったが、その会則の末尾には、「神となり仏け（ママ）に行くのみちすがら　かならずふめよ人のふむみち」という歌がのせられている。かれの人道に対する関心が神仏といった絶対的なものへ近づいたことをよく示している。

絶対的なもの

全身全霊をつくした正造の努力によっても、またそれを支援した全国の人びとの協力によっても、正造の主張は政府のききいれるところとならない。刀折れ矢つきた感じの正造が最後に依拠した正当性の根拠とはなにか。それはだれもが絶対に正しいと認めざるをえない絶対的なるもの、具体的には真理や神仏であった。

【真理】　真理については、明治三〇（一八九七）年一〇月、政府が被害民をいっこうに救済しないのに対し、「天下かくの如き非理あらんや」とか、「被害民は憲法々律の保護を受ける正道を得ず」と政府を批判した。政府の怠慢が「理」とか「正道」といった絶対的な規範のもとに断罪されているのである。

真理は正造にとって苦境を打開する強い力であった。それは「天は我に教えるに真理をもってせり。我はその力らを得ん事を勤む」の決意や「然れどもその遂に破る能わざるものは真理なり」の断言に明らかである。

晩年の正造には、絶対なるものへの傾斜が著しい。関宿で利根川の川幅を狭めて、流れを下から上へ逆流させるような自然の理にさからう政策を、「流水は天道に存す。流水は正理なり。流水は天理なり（中略）この流水を左右すべきにあらざるなり」と批判する。足尾銅山の利益に固執する古河側に対しても、「日本政府を凌辱《りょうじょく》するを得べきも、いかでか天理人道を侮辱するを得ん」と、批判してやまなかった。

【神仏（宗教）】　だれもがさからえない絶対的なものといえば、それは神仏（宗教）であろう。神仏に対する言及は晩年に向かって多くなる。正造は「天地の間には神明在《い》ますことを信ぜざるべからず」と神仏の存在を信じたので、神仏は正造の正しさも政府側の不正もみていると信じることができた。ここから「信は神と共になる。神と共にせば何事か成らざるなし。これ億兆の人民を救う所《ゆ》以《えん》なり」という自信が生まれた。とくに神を信じ、神と一緒になって人民を救おうとした点に注目したい。なぜならそこには問題の解決を神と一緒になって人民を救おうとした主体性がみられるからである。問題の解決を神にまかせてしまったわけではないのである。正造が神仏に魅かれるのは、それがやはり問題解決の力をもつためである。かれは神への期待をつぎのようにいう。

数十年人道の戦に倦《う》まず、退かず。しかも刀はすでに折れたり。矢はすでに尽きたり。しかもなお心に怖《おそ》るゝ処なし。ありがたし〳〵。神の力は鍛えたる刀より鋭《(いい)》なり。神の放てる弓矢は鎮西《ちんぜい》八郎に優《すぐ》る千万なり。この神の力に比するものはなし。

三　根拠の根拠

前節では正造が自らの主張を正当化するために依拠した正当性について七点紹介した。いまそれを整理してみると、一、仁政主義、二、天皇の権威、三、権利、四、立憲主義、五、民衆側の義務履行、六、人道上の理由、七、絶対なるもの（真理、神仏）の七点である。

このうちほとんどはその正当性について首肯されるであろうが、一の仁政主義についてだけは、それが政治家の倫理であることは理解されても、なぜ民衆の幸福実現がそれほど重要なのかについて理解が不十分でなかろうかと思われる。当時は一層この点の理解が欠けていた。さきにもふれた巡査が百姓を殺しても小事だとみなす風潮があったように。そこで本節では、仁政主義という正当性のさらに根拠を考えてみたい。

すでに正造が政府に対し、民衆、それも貧民中心主義で対したことを紹介した。それはどうした理由からであったろうか。

民衆（貧民）中心主義

正造が民衆（貧民）中心主義を正当と考えるのは、まず第一に、それが仁政主義に合致し、為政者倫理であるからである。この点については、すでにのべたのでここではふれない。

第二には、民衆にもそのほかの人びとと同じ様に生きつづける権利があるからである。考えてみると、第一の理由であった仁政主義も端的にいえば、民衆の生命を大事にするということだった。このいわゆる生存権は生きつづけることのむずかしい貧民ほど必要なものであり、正造が貧民を中心に考えたのもそこに理由があった。正造には生命は本来、他からじゃまされない限り永遠につづくという考え方があった。「人生は殺さゞれば死せず。万物亦《また》然り。死するは殺さるるなり」ということばは、この思想を表したものであろう。この思想によれば、いったん生をうけた民衆の生命は守らなければならないことになる。このことは民衆に生存権を認める思想であり、民衆（貧民）を最優先する民衆（貧民）中心主義となる。

民衆（貧民）中心主義の根拠の第三は、民衆（貧民）がすぐれているからである。すぐれたものを捨てる理由はない。民衆（貧民）の優秀性はその性格と判断力において明白だとかれは考える。

まず性格について。明治三七（一九〇四）年一一月、正造は欧州諸国よりも一〇～二〇倍も重い税金を負担しながら文句もいわず、それどころか財源の不足を心配して税金を減らすべきではない

田中正造（前列左から２番目）と谷中村の残留民

という日本の民衆を、「実に正直真誠の良民」であって、愚直と馬鹿にするものもいるが、これこそ「本然《ほんぜん》の美」であり、「諒《まこ》との国粋《こくすい》」であると絶賛する。翌年三月の衆議院でも、日本人の節操と責任感を、「万国無比の美質」とたたえた。

民衆はいまのままで幸福なのだ。ところが中より上のものが道徳的に腐敗したり、政治的な圧力を加えて民衆の幸福を台なしにすると正造は考える。「この中以下は正直であって、いかにも正直なる人民であるから、中流以上の方より悪る《（ママ）》いことをして見せさえしなければ、宜しい」というように。すでにこの三年前には、「今や法律を守るものは人民にありや政府にありや。政府は人民に劣れり」と断定さえしていた。

ここから正造は身分的・経済的に低いものほどすぐれているという認識をもつにいたる。この点からもかれの民衆（貧民）中心主義は起因した。かれは、「下民にして正直なるは普通勢力家の知識より優《すぐ》ること遠し」といい、また「貧しきものは真智ありて真理に近し。富者はこれに反す」とまでいった。なぜ貧民が真理に近く、富者が遠いのか、これは一見、理解しにくいことだが、当時、かれはキリスト教に接近しており、「貧者は却《かえっ》て神に近きもの多きにあらずや。富めるものは神に遠く、健康の身体は罪を犯しやすし」とか、「衣食足らずとも礼節あるべし。貧しきものに神を見る」などといっているので、キリスト教からの影響と思われる。

この宗教的信念は晩年に向かって一層確固となる。当時の日本で生活上、もっともひどい経済状態にあったものは、元谷中村の残留民と考えられるが、正造はそのゆえに「谷中人民を今の日本人民に比せば、愚なる谷中人民はむしろ上知の人民となって居るのであろう」といい、明治四四（一九一一）年一〇月には、谷中村残留民と八年間苦労をともにした体験から、正造はかれらを「日本第一智謀者、日本第一の富有者」とよび、「谷中村民と枕ら《（ママ）》を同じうするの快楽あるを覚えたり」と記すのであった。

正造の高い民衆評価は、民衆の判断力がすぐれているという正造の考えからもくる。それは県会議員のころにも議員手当の増額案に対し、もし手当が低すぎるのなら民衆の側からいい出すはずで、「矢張《やはり》民間の輿論《よろん》はその当を誤まらざるなり」と反論したところにみられた。明治二七（一八九四）年には、政府に対し「進退ともこの正直なる人民とともに決行するをよしとぞんじます。いかに無邪気の大臣諸氏でも軽きに失するはよろしからず、飽迄《あくまで》も人民に図《はか》りてよろし」と、民衆の判断によることを主張した。晩年に近い同四二（一九〇九）年一月のノートにも、「民の声は天の声なり」とあるので、この考えは生涯を通して変わらなかったようである。

正造が民衆（貧民）中心主義をとる第四の理由は、やや意外に思われるかもしれないが、かれが日本の存続を願う愛国心の持ち主だったためである。正造の民衆（貧民）中心主義は、その背後でかれの国家意識とつながる。それは明治三三（一九〇〇）年二月一八日の衆議院における「亡国演説」として有名なつぎのことばに明らかである。

> 民を殺すは国家を殺すなり。法を蔑《ないがしろ》にするは国家を蔑《ないがしろ》にするなり。皆自ら国を毀《こぼ》つなり。財用を濫《みだ》り民を殺し法を乱してしかして亡びざるの国なし、これをいかん。

すなわち、正造の民衆（貧民）中心主義は、民が滅びると国が滅びることになるという危機感からもくるものだった。明治四一（一九〇八）年の旧谷中村村民救済の請願書には、つぎのようにもかかれていた。「人民を貧乏にすれば政府も貧乏になり、人民の多くを殺せば政府も倒れる事にいたる（中略）我々は自身の潰《つぶ》されるは覚悟はいたすけれども、日本の潰れるのが残念に堪えません」と。

自分自身が滅びるより日本の滅びる方が心配だというこの文章は、そのまま受けとると正造が民衆より国家の方を重視していたようにみえる。しかし本当のところは、翌年の九月二五日に、「予はたゞ人民を救うのみをもって目的とせず。国家と人民とを併《あわ》せてこれを救わん〔と〕する者」といっていることからわかるように、かれにとっては民衆と国家がともに大事だったのである。民衆が幸福になれば国家も幸福になるわけで、国家を繁栄させるためにも民衆を幸福にする必要があったのである。

正造における民衆と国家の比重を明白にしておく必要があろう。正造は国家と民衆をともに救おうとしたが、国家的利益と民衆の幸福とを両立させることはできない相談であった。事実、政府は民衆の幸福より国家的利益を優先させた。しかし正造はそうではなかった。かれは「箇人《こじん》の幸福は集まって国家の利益となる」と考えるところから、「凡百《ぼんぴゃく》の利を興すよりは一個の害を除け」という信念をもっていた。かれは全体より部分を気にする人であった。その部分のうちでも民衆の生命を最優先すべしというのがかれの基本的思想であった。明治二六（一八九三）の四月に、「人の貴ぶ処のものは生命、財産、自由、名誉の四である。生命なければ以下三つのもの無用なり」とのべているように。

正造の鉱業反対闘争は、「工業発展の歴史的必然性を理解せぬ農本主義的旧弊だ」と批判されたり、「足尾鉱山は国家的事業なれば到底その鉱業を停止する能わず」といわれたりしたが、正造はこれらの批判・非難に対し、たとえ国家的事業や歴史的必然性であっても、多くの民衆の生命の方がより重要であると、民衆中心主義を主張しぬいたのであった。

田中正造の一生は自らのよしとしないことに対してあくまでも従うべきでないという信念、これまで私が提唱してきたことばでいえば、「不服従の倫理」によって貫かれている。いままでみてきた正造の政治批判はすべてこの不服従の倫理から発するものであった。

不服従の倫理

不服従の倫理にもっとも近いものは、明治四二(一九〇九)年三月一八日の間明田粂次《まみょうだくめじ》あての書状にある「いかなるしんせつの人の御はなしにても、心に入らぬ事は承知する事はできぬ」であるが、翌年一月二五日の「人生の大なること山河より重し、動かすべからず、いやしくも公益にあらざるものに対してはこれに服従の義務を生ぜず」もそうである。そしてかれの不服従の倫理をもっとも簡潔に表現したものが、明治二六(一八九三)年九月に新潟県で演説した「怒るべきには怒るべし」の言葉であった。

正造のいう「心に入らぬ事」や「公益にあらざるもの」、さらには「怒るべき」ことには、いずれも民衆の生命や幸福が脅かされている場面が想定されている。だからその場面に服従すべきでないという信念、つまり不服従の倫理は、民衆の生命が最優先されなければならないという信念の別の表現にほかならない。したがって不服従の倫理は正造の政治批判を正当化する根拠のもっとも奥深いところに位置する理論と考えることができよう。

つぎに正造における不服従の倫理は、かれの生涯においてどのように姿をみせているであろうか。

もっとも早いあらわれは元治二（一八六五）年、かれ二五歳のときの六角家騒動でみられた。名主の自分にとって、「永く領内の平和を維持し得て」きた「領内行政上の先例を擁護する」ことは、「当然の職分」と考えられたからである。

栃木県会議員になってからも、正造は時勢に背くことばかりするので、反対者から「あその馬鹿」とよばれたが、これも自らの信念に忠実であろうとする不服従の倫理のせいであった。正造は子どものころから「悪と見ば断じてこれを排し、善と見ば断じてこれを行なう」性格だったので、この正義感の強さが不服従の倫理という思想的骨格を作り上げたものであろう。

正造の不服従の倫理がもっとも典型的にあらわれたのは、もちろん鉱害反対闘争においてであった。明治政府の鉱害を認めようとしない態度や足尾鉱山を庇護する政策に対して、正造はあるいは衆議院の議場壇上で、あるいは谷中村の仮小屋のなかから、血を吐くような痛烈な批判をくりかえして倦《う》まなかった。たとえば、つぎの言葉のように。

害とは人民に害を与うるを云う。足尾銅山は害の最大なるもの也。これを除くを除害と云う。然るに被害民を殺傷して加害者を助長せりとせば除害の道にあらず。

元谷中村残留民との生活は悲惨をきわめた。甥の原田定助あての私信には、「当日より雨ふり入梅十七、八日間、爾来仮小屋は造れども雨はもりて、たゞ這《は》い込んでおるのみ。しかも定職なく定食なく、一歳中八、九か月水中にあり」とある。しかし正造はこの逆境に少しもひるまなかった。

辛酸亦入佳境　（小口一郎版画）

むしろそれを「辛酸《しんさん》また佳境《かきょう》に入る」とよんで楽しんでさえいるのである。そこには正造の徹底した不服従の境地が鮮やかである。

それでは正造はなぜ不服従の態度をとりつづけたのであろうか。正造はいくつかその理由をあげている。そのひとつは、「旧谷中村復活請願書」にある「私共はその壊されたあとへ仮小屋を営みまして辛うじて今日を送っております。そして正義のためには命がけで争うつもりでございます」で表明された正義である。いま政府の横暴に抵抗しなければ正義がなくなるからである。正義がなくなれば善悪のけじめがつかなくなる。そうなると人間の生きていくために必要な価値基準が混乱するからであった。

理由の第二は、「最初正直の一念を貫くに真理あり。軽々心を譲るべからず」という言葉や「真理の前に官も民もあるものか。男も女もあるものか」の言葉にあるように真理のためである。つまり、いま抵抗しなければ、真理が真理でなくなるからであった。

第三の理由は、正義や真理の具体的内容と考えられる権利・生命・財産のためである。「権利生命は天のものなり。財産も天より与えられたるなり。妄《みだ》りに失うべからず」とあるように、絶対者である天から与えられた大事な権利・生命・財産を守るために不服従の態度をとる必要があったのである。ここには明治初年の自由民権運動家を支えた天賦人権論が、二十数年後においてもなお正造の行動を支えている様子がよくみられる。

四　政治倫理思想の構造

目的に関する特徴

民衆の生活より古河財閥の利益を重視した明治専制政府の露骨な政策に対し、不服従の倫理で対峙《たいじ》しながら、田中正造は現実の政府のかなたにどのような理想の政府を思いえがいていたのであろうか。

【維新政府をよしとする思想】　この問いに対しては、正造が明治二九（一八九六）年六月に、「戊辰新政府はよろし。今は腐敗す」といっていることが参考になる。明治維新直後の新政府はよかったというのだが、それはどうしてであろうか。

それは明治初年の自由民権家たちがこぞって共鳴したことでもあるが、明治維新政府が五箇条の

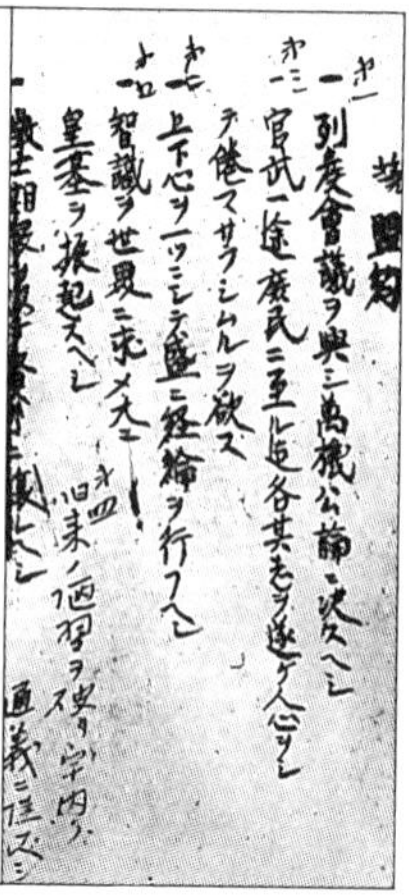

一、広ク会議ヲ興シ万機公論ニ決スヘシ
一、上下《しょうか》心ヲ一《いつ》ニシテ盛ニ経綸《けいりん》ヲ行フヘシ
一、官武一途庶民ニ至ル迄各其志ヲ遂《と》ケ人心ヲシテ倦《う》マサラシメンコトヲ要ス
一、旧来ノ陋習《ろうしゅう》ヲ破リ天地ノ公道ニ基クヘシ
一、智識ヲ世界ニ求メ大ニ皇基《こうき》ヲ振起スヘシ

五箇条の誓文と草案　由利公正《ゆりきみまさ》の起草、福岡孝弟《ふくおかたかちか》・木《き》戸孝允《どたかよし》の修正・加筆を経て発布された。

誓文において、民衆に仁政を約束し、これからは民衆と力を合わせて政治を行うと宣言したことであった。また民衆の側にも、理想の政治づくりに自ら積極的に参画していこうとする意欲がみなぎっていたことである。

前者、つまり明治維新政府の政治方針は、さきにも少しふれた五箇条の誓文のなかに表現されている。すなわち、誓文中にある「万代保全、道を立んとす《ママ》」は、明治天皇による仁政の約束であり、第一条の「広く会議を興し万機公論に決すべし」や、第二条の「上下心を一にして盛んに経綸《けいりん》を行うべし」は、民衆とともに政治を行っていこうという明治維新政府の謙虚な開放的姿勢であった。

後者の民衆の側にも、当時は目を見張るほどの政治への参画意欲があった。その一斑《いっぱん》は明治初年の民衆が全国に多数の政治結社を組織して、国会の早期開設を要求する一方、政治思想の熱心な学習を通して、実際の明治憲法より数段民主的な憲法草案を作りだしたことからも理解されよう。なお、この時期の民衆側にみられた積極的な政治への参画意欲は、実は幕末期以降全国各地で連続してみられたものであった（次章参照）。

明治維新政府の基本的な政治方針はすばらしかったが、成立直後からこの方針は省りみられることがなかった。それは明治初年の爆発的な農民騒擾《そうじょう》の発生によく示されている。さらに明治維新政府の基盤が固まるにつれ、五箇条の誓文で宣言された仁政の方針は忘れられ、民衆に対する謙虚な姿勢も失われていった。それは明治二四（一八九一）年二月五日、正造が衆議院で「『上下心を一にして盛んに経綸を行うべし』とあるは何のことであるか」といったときに、「笑声四方に起る」ありさまや、明治三三（一九〇〇）年八月の日記に、「元年三月の誓文を朗読せば、井上氏笑う」といった事態によく表れている。五箇条の誓文の精神が政治家にとってもはや時代遅れの嘲笑の的でしかなかったのである。

一方、民衆の側でも、それにつれてかつての主体的な政治意欲が薄らいでいった。さきにみた議会の傍聴に対する関心の減退がよく示している。ただひとり正造だけは明治初年の新鮮な仁政意識と政治的主体性をもちつづけていた。現実の政治に失望しながらも、なお、その背後に理想の政治を夢みていたのである。明治二九（一八九六）年の日記には、二か所にわたって新日本の建設を求める若々しい意気込みが記されている。五箇条の誓文にふれて、「上下　天皇国民同治」という言葉もみられる。いまなお、かれは天皇と国民が手をとりあって行う政治を理想と考えているのである。三年後の鉱毒事務所規則案の冒頭にも、かれは「一、明治元年三月十四日の詔《みことのり》に曰《いわ》く、広く会議を興し万機公論に決すべし　上下心を一にし盛んに経綸《けいりん》を行うべし　嗚呼《ああ》これ民の声は神の声なりと文章の外に顕《あらわ》れて誠にありがたき事に候」と書いている。民の声（民衆の政治的意欲）が政治に反映するようになったことへのよろこびがあふれている。

【無政府をよしとする思想】　しかし明治三四（一九〇一）年一二月の天皇への直訴に失敗してからは、現行の明治政府に深い絶望を感じるようになったようである。現行の政府などはない方がよいという無政府思想があらわれるようになるのもこのころからである。明治三九（一九〇六）年一〇月の栃木県知事にあてた「谷中村緊急請願書」では、いまの政治なら無政府よりはるかに悪いとつぎのようにかいている。

旧谷中村に対する三十五年以来地方官吏及び県会の暴状は一々申上るに忍びざる次第、強《し》いてこれを申さば奪埠《だっふ》的奪略的詐欺《さぎ》的占領的攻撃的虐待侮辱翻弄瞞着《ほんろうまんちゃく》誘惑誘拐《ゆうかい》等あらゆる悪的文字の備らざるなく、法律は行われず、無政府よりも幾十層幾百倍のはなはだしく、強盗白昼横行して生命を奪うをほしいまゝにすというも尚言辞の足らざるを恨むのみ。

翌々年の三月にも、正造は「全く政府なく国家なき亡国の民にてこれあり候。いなむしろ政府も国家もこれなき方かえって安心かとも存ぜられ候」と、いまのような政府なら政府も国家もない方がましだといっている。

同じとき正造は、「古来の村を潰したり、租税のあがるよい土地を故意に荒したり、村民の農業を妨げたり、財産を失わせたりする様ないたづらな政治さえ無ければ、私共は地を耕し井を掘りて、子供を立派に育て、行けるのでありますが、いたづらをされるばかりに両親を養うことさえ出来ません（傍点原文）」ともいっている。これはもはや為政者が民衆にとって不要な存在であることを意味している。正造のように旧幕時代の農村のよき自治的生活を覚えているものにとっては、一層、明治政府の「いたづら」が迷惑このうえもないものと考えられたことであろう。ここから政府は余計なことをしてくれるなという消極的な願望が生まれるのもむりはない。翌年の「政治の目的は民を治するにあり。法律はその目的を保護するに止まれり」ということばは、かれのこうした消極的な願望を表しているように思われてならない。

ここにみられる無政府思想への傾きは、旧幕時代のよき自治的生活との比較から出たものであったが、交流のあった社会主義者からの影響もあったであろう。正造の明治天皇への直訴には、社会主義者の石川半山と幸徳秋水の関係したことが知られている。社会主義は特定少数の富裕者の利害より、多くの貧しい民衆の利害に関心を示し、民衆の幸福を第一に主張する思想だったから、民衆中心主義の正造にはひじょうに近い思想だった。

しかし正造は社会主義者にはならなかった。かれの思想には社会主義的なところがあるものの、決定的にちがうところもあったからである。決定的なちがいとは、ふつうの社会主義者が主義理論から入るのに対し、正造があくまでも現実の実態から問題を立てる点である。正造自身も自分の考え方が、「社会主義の人々より冷笑せらる」といっており、その原因を正造がつねに小さな出来事にもこだわって解決に努めるところにあるとみている。とくにかれが一生、谷中村にこだわったところが、社会主義者から些末《さまつ》主義ととられたようである。この点についてはすでに、志賀重昂《しがしげたか》からも批判されたことを指摘しておいた（前編第Ⅲ章）。

さきに正造が無政府思想をもつとのべたが、この場合もふつうの無政府主義者とはちがうところがあった。すなわち、かれには日本に対する国粋主義にも似た強い愛着があり、さきの無政府思想も日本の将来を憂うところから出ていたからである。

正造は社会主義と無政府主義に対し、権力欲のかげりを認め、将来、人類に対する第二の抑圧になるだろうと警告しているので、かれがこの両者に対し、一歩距離をおいて接していたことが知られるのである。

【自治村をよしとする思想】　ところで正造の理想とした政治のひとつは、良き自治的慣行の機能した幕末期の農村であった。正造は口を開けばいつもかつての谷中村が「天産に富み国家稀有《けう》の豊土」であったと懐しむ。そこには古来の田畑があり、自治の町村があった。いまそれが政府と鉱山側の悪計にあって危機に瀕しているが、「町村は町村の権利がある、町村は別に町村自治の法律がありて一個人と同じ権利を有するので」、町村として存立していくことができるはずだという。

水没した谷中村　（電雷神社）

明治四三（一九一〇）年五月、継母クマの葬儀に参列した正造は、そこに良き町村の自治的慣行の機能するのをみて感激した。

安外《ママ》に下等社会が発明であるを見ました。貧乏丈《ママ》け常に用心せるものと見えます。この個人〳〵の間に妙な組織ありて、ひろき社会しらずの人々の社会は妙に成立して居ります。社会しらずの社会中において下級社会の広天地の大なるを見るなり。あゝ神仏をしらぬこの人々にしてよくも神も仏もしりつゝあるを見ました。

下級社会の人々の生活を円滑に幸せに動かしている原動力、それを正造は村の自治に求めた。ここからかれは町村の自治を政府の圧力からなんとしても守ろうと努めたのである。同年の一月、かれは町村の自治を高らかに宣言していう。「町村には町村自治の制あり、町村の生命こゝに存立す。故にみだりに干渉を許さず、監督官庁は町村の法律を保護すべきもの、監督官庁そのものといえども行政権と唱えて、これに干渉せざるを本義とす」と。

ところが明治政府は露骨に町村の自治を踏みにじる暴挙に出た。たとえば、明治三九（一九〇六）年、栃木県知事は村人の選んだ村長を認めず、自分の選んだ村長に谷中村買収の事務をとらせ、少しも村会にはからず村民を他郷に移住させたりした。村人にとっては、明治三七（一九〇四）年の谷中村人民が県会議員あての嘆願書で、「私共に取りましては広き満州とかの地面よりは、狭き谷中村が先祖から伝わりたる大切のものであります」というように、いま住んでいる所は先祖以来住みなれた土地であり、先祖の眠る場所である。そうした人びとの愛着を少しも顧慮することなく、明治政府はただ国策の遂行のために谷中村を破壊したのであった。

ところで自治村を重視する正造の思想に注目する人は多い。たとえば、中込道夫《なかごみみちお》氏は正造が自治村構想で現実の明治政府と対抗する気構えをみせていたと高く評価する。氏は「政府が人民の憲法を守らず、人民を迫害するならば、当然人民は法律に従う必要はないし、憲法上、人道上の上からいっても、『一大天国』を新造する権利があると」正造は考えていたという。たしかに明治政府の施策に絶望した正造は、政府が民衆を法律で保護しないのなら、民衆は法律を守る義務はなく、「法律を遵奉する義務がなければ是より如何なることを仕出すかも知れない」と無気味なことをいっており、政府が民衆を保護しなければ、「吾々が保護する」と、さかんな政治的主体性を披瀝して、政府と対決している。そして質問演説中にある「別の新天地を作らんか」という意味の発言である。これらを総合して、中込氏は「政府が人民の権利を保護しなければ新しい国家（村または地方と考えてよいが）を作る権利があるという思想」をもつにいたったと考える。これは十分にありうる推測であろう。

ただ、中込氏はそうでないが、多くの識者が正造の自治村をとりあげる際、それを自治村というだけでなんの欠陥もない、あたかも理想郷のようにみなしている点が気になる。正造がよしとした幕末期の自治的慣行の機能する農村を復活したら、それで民衆は幸せになるだろうか。正造の生まれた小中村の実態はよく知らないが、一般的にいって江戸時代の農村の伝統的な自治的慣行は、その村の支配層である百姓にとっては居心地のよいものであったが、身分的・経済的に低い立場にいた多くの小百姓・貧農にとっては、実に差別的で屈辱にみちた自治的慣行であった場合が少なくないのである。小中村も小百姓の立場からすると、そうした村であった可能性が大きい。したがって正造の理想とする自治村の内容を点検することなく、自治村を理想の政治体制ともち上げることは正しくないだろう。もちろん、私も自治村が村人すべての心からの同意にもとづいて、文字通り自治的に機能する、平等で自由な村なら理想として掲げてよいと思うのだが。

方法に関する特徴

【時間的現実主義】　目的を達成するために正造がとった方法には、農民らしい特徴がいくつもみられる。荒畑寒村《あらはたかんそん》は正造を評して、「土から生まれたデモクラット」とよんだが、正造が大正二（一九一三）年三月一八日、木下尚江《きのしたなおえ》あての手紙で、「明日」社会主義が到来するとしても、自分は「今日は今日、未来は未来」という「今日主義《こんにちしゅぎ》」で、「今日」必要とされていることの解決に全力を尽くすといったのはそのひとつである。不確かな明日のことより確実な今日を優先させる「今日主義」はいかにも農民らしい処世方針であったろう。「今日主義」の典型例としては、巨額な費用に脅えて県庁側の手をつけない堤防工事を、農民側が三千円、六百円、二百円の小額で工事をすすめ、十万円以上の生産をあげたことをあげることができる。

【空間的現実主義】　今日主義が時間的現実主義であるなら、正造のまず身近なところから考え、それから関心を拡げていく性向は空間的現実主義といえるだろう。たとえば、明治三七（一九〇四）年九月六日、正造が国家的大関心事である日露戦争より谷中問題の方が大事であるといったつぎの言葉はこの空間的現実主義の典型例といえよう。

谷中問題は日露問題より大問題なり。一人の人道は世界の総《すべ》ての山岳よりも大問題なり。貴下谷中の御救済尽力は遼陽《りょうよう》の大捷利《しょうり》よりも重大なり。

全体より部分を重視する部分優先主義も空間的現実主義に近い。部分が繁栄すれば部分の集合体である全体も繁栄するはずという考え方である。部分優先主義とは正反対の国家的スローガンの富国強兵という全体主義を批判した「くに富みて民の富まぬはなかりけり　民の富こそ国の富なりいたずらに富国強兵ゆめみつゝ 国の根本玉なしにすな」は、部分優先主義を表明したものである。

【実用主義】 現実主義を基本とする正造の農民らしさは、また役に立つものを重視する実用主義につながった。運動の展開に少しでも役立つと考えれば、おもねるような言葉も平気で使った。明治四〇（一九〇七）年一〇月三日の要望書の宛名は、「猿島《さしま》郡、邑楽《おうら》郡、下都賀《しもつが》郡正直な大小議員様方 町村長様方（傍点筆者）」であり、翌年三月二日の「旧谷中村復活請願書」では、相手の内務、大蔵、農商務省の大臣や県庁の役人に対し、「私共の代表として立憲の政《まつりごと》に参与され日夜民草の安否これ思わるゝいとも有難き皆様よ、私共の深く信頼しまつる皆々様よ」と歯の浮くような言葉を連ねている。

【柔軟さ】 実用主義もそうだが、正造には意外に柔軟なところがあり、度量の広いところがあった。「正義の為には提携する。その人のいかんは問わぬ」といっているのがそれである。またかれは、「予はよき人のためにのみ幸いをいのるものにあらず。あしき人のためにも無事をいのるなり。あしきもの改むれば無事に帰ればなり。あしきもの改めざればよき人の幸少なければなり」ともいっている。足尾鉱山に対する批判も、鉱山関係者全てを悪人というのではない。「足尾銅山の恵に衣食する人々とてもことごとく悪人と云うべからず。正直もあり無知識もあり。この人々もまた欺かれて御主人銅山の御内意と来ては丸呑みに信ぜざれば相済まぬより」と、バランスのとれた感覚を残している。

こうした柔軟さを示す正造であるにもかかわらず、鉱害反対運動においては、官憲の圧迫、弾圧、妨害、きり崩しにも負けず、示談の誘惑にものらず、谷中村へのしわよせも認めず、あくまでも問題の発生源である古河銅山の営業停止を求めつづけた徹底ぶりが好対照である。柔軟さと頑固さは正造においてどのように共存していたのであろうか。これからの研究課題のひとつであろう。

【合法主義】目的達成の方法としてかれは合法主義に徹した。何度はねつけられても合法的な請願をくりかえした。明治四二(一九〇九)年のごときは、渡良瀬川改修工事案に対して長文の請願書を、九月一二日、一三日、一五日の午前、一五日の午後、一六日、二四日と一三日間に実に六回も出している。一五日のごときは一日に二度もかいている。これは請願が法律上、民衆に認められた権利であり、「あらん限りの請願を為して、止まざるべし」という考えからであった。

正造の長いたたかいのなかで、暴力を伴う過激な方法に訴えるという発想は少しも見られない。官憲の弾圧のひどさ、社会主義者との交流などから考えると不思議なくらいである。これはひとえに正造が日本を暴力に訴えなくても法律の支配する立憲国と考えていたために、自ら法律を破る過激な行動に出る必要を感じていなかったためでなかろうか。

【漸進主義】また正造はことの解決をあせらなかった。ゆっくりと時間をかけて解決する方法をよしとした。年月、宛名ともに不詳の手紙だが、正造はこの主義をつぎのようにかいている。

何卒して事はゆる〳〵と運び、世の中の事は一生の仕事とおもい、いわゆる徳川家康の家訓にある、人の一生は重荷を負うて遠き道ち（ママ）を行くがごとしと、この言誠に然りと存じ奉り候。御村内の事なぞも急がずしてゆる〳〵と油断なく運び候えば、必ずや宝の山にも登ぼり申すべくは論より証拠にござ候。

大正元（一九一二）年一一月一一日の林市道あての手紙でも、反対闘争の必要をよく知らない人にはゆっくり教えてやってほしいとつぎのように頼んでいる。

物しらぬ、何んにもしらぬ人々にはさとし教えて下さいよ。ただし推（強）いて教えるはよろしからず候。静にそろり〳〵とはなして下さいよ。

【農民らしさ】　正造は農民らしさを方法として利用しつくそうとしている。農民は変に利口ぶるより、生地のまま愚直に徹する方が目的を達成するためにかえって有効であると考えたのである。大正二（一九一三）年一月八日、残留民に対し、「問題のため見込よろし。たゞ残留民は愚を守りて居れば利口なり。利口ぶり、利口げな考えをするとかえって愚に落ち入ります。用心」とかいている。また同年の三月、島田宗三あての手紙では、つぎのように農民らしさに徹することをすすめている。

手まめ足まめにはたらくべし。ふところ手は大無礼なり。ていねい恐れ入って言葉も少なく、落ちついて要所〳〵の説明は一人ずつにすべし。生《なま》いきは呆れる。利口ぶるとそんのみ、ほらは尚更そんなり。必用《ママ》の言葉を忘る、なかれ。

【比較主義】　近世の農民は自らの苦境を古い時代や自らと同じ条件下の豊かな農民と比較して、そのひどさを強調することがよくあった。

近世生まれの正造もよくこの両種の比較を試みた。前者の時間的比較としては、明治三七（一九〇四）年、政府の堤防づくりの三年間でわずか百間内外という遅さを、昔、古河城主の土井大炊頭《おおいのかみ》が四十日間で千三百六十間の堤防をつくった例と比較した。

後者の空間的比較としては、足尾銅山のひどさを別子《べっし》銅山と比較する一方、外国にまで例を求め、露政府の圧政を、「無体に村落を亡滅せしめ、人民を侮りて田宅を奪う」谷中村に対する日本政府の圧制よりまだましだといった例があげられる。

性格に関する特徴

【実行力重視】　目的を達成するためになにをもっとも必要と正造は考えたか。その答は実行力である。正造はかねがね人々の口ばかりで実行の伴わない点を「舌を長く出さんまいに《ママ》先づ足を早く出すべし」とか、「今の人々書物を読むの必用《ママ》はなし、たゞこれを実行するにあるのみ」と批判していた。「門に入らんと欲せば、先づ入るべし。万事をすて、先づ入るべし。先づ決し、先づその入るの心に勇気を出すべし。急ぐべし」ともいった。

あるときは支持者の一人を、手紙は美しいが実行が伴わないと批判し、またあるときは支持者の

衆議院議事速記録第四號　明治二十三年十二月六日　窮民救助法議案

○大江卓君（百五十七番）　只今議長カラノ御報道ニナツタ速記錄トイフハ、何ノコトデアリマスカ、島田君ヨリ提出ニナツタ所ノ速記錄ニ誤謬ガアルト云フハ

○議長（中島信行君）　議事規則デアリマス

（滿場笑聲起ル）

○議長（中島信行君）　暫ク中止致シマス

午後第二時二分休憩

午後二時三十分開議

第一　窮民救助法議案（政府提出）　第一讀會

○議長（中島信行君）　窮民救助法ノ第一讀會ヲ開キマス、……議院規則第八十九條ノ末項ニ依リマシテ、議案ノ朗讀ヲ省略致シマス、左樣……

（左ノ議案ハ朗讀ヲ經ザルモ參照ノ爲茲ニ記載ス）

窮民救助法

第一條　此ノ法律ニ據リ救助スヘキ窮民ハ左ノ如シ

第一種　不具癈疾長病不治ノ疾病重傷老衰其ノ他災阨ノ爲メ自活ノ力ナク飢餓ニ迫ル者

第二種　養育者ナキ孤兒及引受人ナキ棄兒迷兒

第二條　市町村內ニ滿一年以上住居ヲ占メ若クハ滯在スル者又ハ市町村內ニ於テ出生シタル者又ハ婚姻若クハ養子緣組ニ因リテ市町村內ニ入リタル者前條ニ該當スルトキハ其ノ市町村ノ公費ヲ以テ救助スヘキモノトス

一年ノ期限ハ現ニ住居ヲ占メ若クハ滯在セシ初日ヨリ起算ス但監獄病院貧院瘋癲院及其ノ他ノ公設所ニ入リ看護ヲ受クル時間ハ滯在ノ期限中ニ算入セス

第三條　前條ニ揭クル一年ノ期限ハ間斷ナキヲ要ス但一時市町村ノ區域外ニ出ツルコトアルモ其ノ滯在地ヲ移スノ意アラサリシコトノ明瞭ナルトキハ其ノ日數ヲ期限中ニ算入ス

此ノ法律ニ依リ公費ノ救助ヲ受クル日數ハ期限中ニ算入セス

政府提出の「窮民救助法議案」　（衆議院議事速記録第4号、明治23年12月6日）

青年を、「実行々々。徒《いたず》らに書冊の上に達するも実行に及ばざればただに知識の人にして、いまだもって真人と云うべからず。努めよや〳〵。」とはげました。

正造はまず一人が行動をおこすことをよびかけた。「いかに国家腐れたりとて、社会いかに堕落せりとて、一人その精神に立てば足らん。一人立つ、二人立つ。ついには天下皆道に立つ」と。一人の勇気ある行動、これが大運動にまで発展する始発点として重要なのであった。それでは勇気ある行動はなにによって生み出されるか。

【自治の気象（主体性）】　その第一のエネルギーは、「人は人としての正しき強き元気なければ、悪魔の併呑《へいどん》を免かれぬ。鞭《む》ち打たざれば働かぬ馬の如き、命令にあらざれば動かぬ兵士の如き、日本の政治、皆軍隊の組織となりてより以来、久しく人民の権利はなし」という言葉から分かるように、人にいわれなくても人として正しいことを行おうとする意欲、つまり主体性、正造の言葉でいうと「自治の気象」である。

主体性は他人に頼らない精神である。正造はなにかに頼ろうとする意識を極端にきらった。正造は地元民がもっとも利益をうけるものについては、自身で経費を負担するのが「自治の精神」を涵《かん》養《よう》することになると信じた。かれが県会議員時代、公立病院を不要とした理由は、「一命まで政府の世話になるの不可」のためだった。小学校の補助金についても、いまのところ全廃は尚早だが、「もとより保護の金は自治の心を害するものなればこの金のごときも漸々にこれを廃し、ついにもって教育の自治を図らざるべからず」とのべている。

明治三三（一九〇〇）年六月には、正造の自治に対するまとまった考え方が示されている。

自治は自治の内に自由安全を得て、決して心にもなき他人のために苦役せらるゝものにあらず。もしそれ長年月、他人の苦役、長上の命令の下に服従せしめられて、自家自治の発動、発見、発心、自由等の働きを減滅せば自治の死滅せると同一なり。

自治が自分の内から主体的に発動するものでなければ本物でないことが分かる。同じときに「国民無気力の原因は種々あれども、自治の気象を侵害せしより有力はあらざるなり」といっているが、となると、国民から自治の気象を奪ったものを政府の命令・圧力と考えていたようである。

【精神力】　人間を行動にかりたてるものとして、正造が自治の気象（主体性）を重視したことはすでにみた。それでは自治の気象（主体性）を涵養するものはなにか。かれは自治の気象（主体性）を創造し、増幅するものとして、精神のもつはかり知れない大きな力を信じている。自治の気象（主体性）も精神のひとつではあるが、正造にはひろく精神力に対する強い信頼がある。明治三二（一八九九）年、歳費を辞退したため、周囲から正造が以後鉱毒事件に消極的になるのではないかと心配されたとき、「凡そ精神の運動は金銭の有無によりて増減すべきものにこれなき儀と存じ候」と、自分の精神は歳費がなくなってもそれに影響されないと約束した。同三九（一九〇六）年一一月には、「正造は難に逢《あ》うごとに精神をばみがけて候（ママ）（中略）老いてます〳〵精神は若きに復し候。肉体は年々に劣ると反比例、精神は年々に優る」とのべた。最晩年の大正二（一九一三）年二月一一日、正造は「精神は人の所有権なり。国亡びても個人の所有権は奪れざるなり。精神を軽んずるは、所有権を麁末《そまつ》にする人とはなります」と、精神を人間がもつ権利のひとつと考えるにいたっている。

【倫理の力】　精神のなかでも正造が自治の精神（主体性）と直接結びつくものとして重視するのは、倫理の人を動かす力である。倫理はふつう人間を拘束・束縛するものとイメージされやすいが、正造はちがう。むしろ逆に倫理を拘束や束縛から人間を解き放つ力として前向きに考えている。すでにかれが人道上の理由にもとづいて政治批判を行ったと述べておいたが、人間らしいあり方、生き方、つまり倫理に対する関心は人一倍強かった。明治三七（一九〇四）年ごろ、人道実践会という団体を結成したのも、人道（倫理）への強い関心からであったろう。

人道（倫理）のなかで正造がとりわけ重視するのは、正直のこころである。その理由は、つぎの文章から分かるように、強い正直のみが人間をして自らの権利を主張させるからであった。

人は正直で、強い正直でなければ用に立たぬ。弱へ《ママ》正直は役に立たぬ。今日は尚更強く自分の権利を重んずべし。

正造は人間に権利を主張させる行動力の原動力として強い正直を重視したのである。かれの正直重視が通俗道徳上での道徳的な価値観からははるかに遠い点をここでは指摘しておきたい。かれが正直に魅かれるのは、それが道徳的・規範的に価値があるからではなくて、ひっこみ思案の民衆を行動に立ち上がらせる力をもつからであった。

自分の心に正直でありつづけようとすると、それは不正な現実に抵抗せざるをえなくなる。自分の心に正直であるべしという人間の倫理は、人々をしてみにくい現実をよりよい社会にかえさせる行動の発火点となるのである。私がかねてより提唱してきた生成の倫理（倫理の本来の働きは、いたずらに人間を窮屈な規範にはめ込む束縛にあるのではなく、逆に人間をその束縛から解放し、人間をより望ましい社会や歴史の形成のために前向きに押し進める生成にあるという説）の具体的な展開を目前にみるようである。

ここまで正造の思想を内在的に考えてくると、かれの正直重視がさきにみた不服従の倫理の主張とオーバーラップしてくることがみてとれよう。つぎに紹介する明治四二（一九〇九）年一二月五日の発言は、さきにみた不服従の倫理の別の表現にほかならない。

真理の前に官も民もあるものか。男も女もあるものか。少数の有志にのみ依頼は出来ぬ。この幾筋の縄をもって悪事を縛せ諭せ誡めては改めさせよ。悪しきはあし、とし善きは善とするのが最も正直な方法であり

不服従の倫理と正直が合致してくるさまが理解されるであろう。明治三九（一九〇六）年五月七日に「最初正直の一念を貫くに真理あり。軽々心を譲るべからず」といっていることも、不服従の倫理と深く結びつく思想である。正直を貫き通すことは不服従の倫理そのものであり、正しいことである。したがってそれを軽々しく放棄してはならないというのである。

【人生観】　以上にみてきた正造の思想が深いところでかれの人生観と関連していたであろうことは、容易に想像されるところである。それではかれは人間の人生をどのようなものと考えていたのであろうか。つぎにかれの人生観の中核を占める利他優先の性格についてふれてみよう。

明治四三（一九一〇）年九月一一日、晩年の正造は、元谷中村に残留してがんばる島田宗三らを、

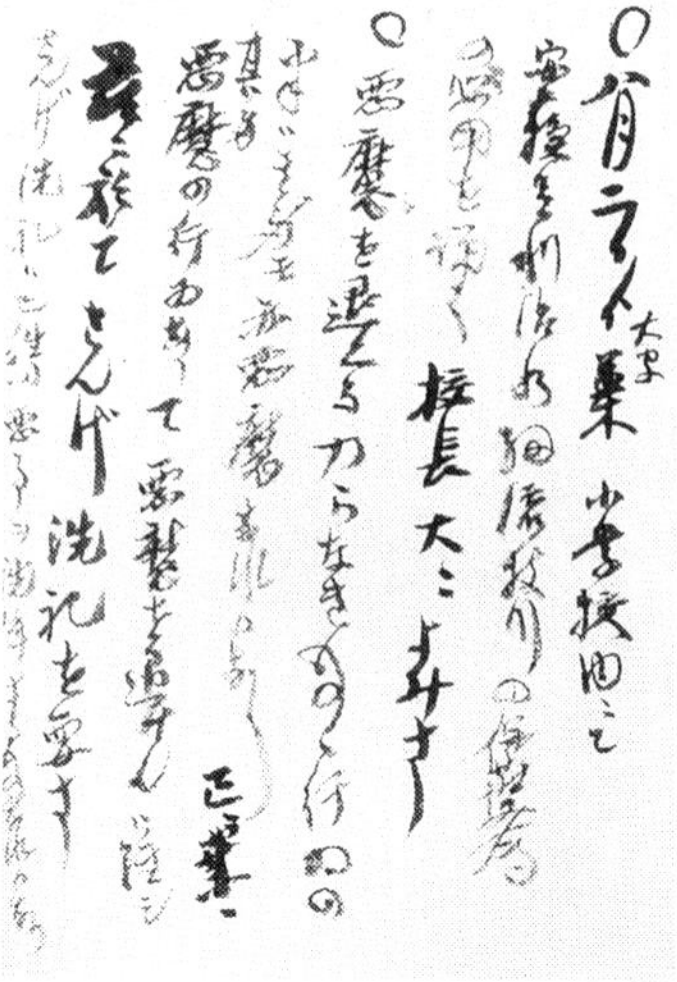

田中正造の最後の日記
（佐野市郷土博物館蔵）

つぎのように書状ではげました。

已《おの》れを忘れて他人を救わんとせば已れまた自然神に救わる、なり。然るを人に救われんとせば神は傍観せり。諸君には尚この上とも救へ《(ママ)》ぬしの一人となられん事を厚くいのりあげ候。

われを忘れて他人を救おうとしておれば、自らも救われるというのである。他人の利益を先にするこの利他優先の人生観は、世間一般の人生観、つまり、他人より少しでも楽をして、多く得をしたいという人生観、これを私は「楽得主義《らくとくしゅぎ》」というのだが、と全く反対である。自分の欲望中心で生きる生き方では、結局、本当に満足のいく人生とならないことを、自ら利他志向で生きてきた正造は悟ったのである。

人はなんのために生きているのか。明治四四（一九一一）年五月、正造は「人の生命は他物のためにへるので、へり尽して死ぬのです。へらざれば死せぬのである。七十才正造さとり」とかいているが、正造ほどの人でも七〇歳にして初めて、人が他人のために生きていることを悟ったのであった。

地位も名誉も捨て家族も捨て、ただひたすら谷中村を中心とした渡良瀬川沿岸の人びとを守るために生命を捧げた田中正造の一生は、みる人によっては理解できないものであるかもしれない。しかし人はなんのために生きているのかと真剣につきつめていくと、結局はだれか他人のために役に立とうと努めていることに気付くのである。

自分をすべて放り出すと、意外に至福への境地が展開してくるらしい。正造が明治四二（一九〇九）年九月の日記にかき記したつぎの文章は、正造が晩年、至福の毎日を送ったことが知られてうらやましいほどである。この意味で田中正造の波瀾に満ちた一生は、他人からどのように評せられようとも、正造自身には納得のいくすばらしい人生であったと思われる。

ア、うれしや、我は虚位と云う事をさとれり。今にして漸くこれを自得せり。我誠に虚位たらば令《（零）》点なり、我また何物か一物なし。田中正造なるものなし。身もなし。身なければ形なし、心なし。これ誠に虚心なり（中略）ここにおいてはじめて天国は皆我物たりと云う事をさとれり。うれしき御事にて候。

正造は最晩年、肉体的・経済的には貧しかったが、精神的にはみちたりて、天国で暮らしているとさえ感じていたことが知られる。かれの生涯は貧困が人間を不幸にするものでないこと、換言して、精神が人間の幸福に不可欠なことを立証してみせたものということができよう。

II　田中正造における近世と近代

田中正造は天保一二（一八四一）年に生まれ、大正二（一九一三）年に没した人である。安政六（一八五九）年には一九歳で小中村の名主となり、六角家騒動の中心人物として村人のために奔走した。その間、藍玉商《あいだま》としても活躍した。江戸時代人として三〇年近くも生きた正造には、当然のことながら江戸時代の民衆に特徴的な諸思想の影響がみられたにちがいない。そこで本章では、田中正造にみられた近世民衆思想の影響と、正造が明治時代に入って自由民権運動の高まりのなかで身につけた近代思想についてとりあげてみたいと思う。

一　近世民衆思想の影響

さて、私はかつて近世の百姓一揆全般にみられた民衆（農民）思想の特徴を六点ほど抽出したことがあった（『伝統的革新思想論』市井三郎氏と共著、一九七二年、平凡社）。それらはいずれもかれらが自らの行動を正しいと考える正当性の根拠、ないしは民衆の正当性観念であった。そこでここではそれらが明治時代の田中正造にもみられたかどうか検討してみたいと思う。

為政者倫理の要求

為政者倫理の要求とは、為政者のあるべき姿の要求であり、儒教が政治の精神的骨格であった江戸時代においては、簡単に仁政の要求ということもできた。それは内容のうえで民生安定と正義実践のふたつに大別することができる。前者は文字通り民衆の生活を安定させ、民衆を幸福にすることを為政者の責任とするものである。また後者は正義でもある諸法令を、自ら作ったものゆえ率先して守らなければならないという為政者の義務である。

この為政者倫理の要求がなぜ民衆の行動を正当化する根拠になったかといえば、当時の士・農・工・商という分限的身分秩序が、それぞれの身分にわりあてられた責任を他の身分のものが代行することを許さなかったので、為政者身分である士階級に課せられた「民生安定」と「正義実践」は士階級以外に果たしうるものはなく、それを果たせなかった場合、責任の未遂行として他の階級から批判されてもやむをえなかったのである。士階級は身分上最高位の、そしてもっともめぐまれた無為《むい》徒食《としょく》の立場を維持する必要上、長年自らを百姓の保護者と喧伝してきたために、百姓からその救済を要求されても拒絶できなかったのである。

民生安定の要求の例としては、天保一二（一八四一）年、近江大一揆の指導者、土川平兵衛が、江戸の大白州《しらす》で堂々と為政者を糾弾したつぎの文章がある。

公明正大なる公儀の役人にしてあにかかる不法を行うの理あらんや、いやしくも人民を水火に擠《おと》さんとするもの、これを御公役というをうべきか、天下の御公役たる者は公平無私にして赤子を愛するごとく、億兆を愛し、御当代の天下をして万世不朽に伝えしめんと鞠躬《きくきゆう》尽力すべき筈なり。

つぎに正義実践の要求の例としては、承応元（一六五二）、佐倉藩の佐倉宗吾が架上で絶叫した、つぎの痛烈な為政者批判がある。

このたびの御仕置心得がたし、暴政下を虐し、重斂《ちようれん》民を苦しめ、剰《あまつ》さえ正義に依りて倒懸《とうけん》を救い、公道を履《ふ》みて暴政を除かんとするその者を怒戮《どりく》する、正邪はたして何れにかある、見よ、見よ、神明必ず知し召《しろ》さん。

田中正造にも同じ性格の民生安定と正義実践の要求があることは、すでに前章でみたとおりである。よってここでは再論しない。

自らの価値の自覚

為政者が民衆のための政治をしなければならないという第一の正当基準は、被治者があって初めて為政者のありうることを、つまり、被治者がもっとも大事にされなければならないことを示している。いつの時代にあっても、本来ならつねに被治者の側がいわば目的であり、為政者の側はこの目的を達成するための手段でしかない。この関係を被治者側が見抜くとき、そこに自らの存在の価値に対する自覚が始まる。とくに百姓たちが自らの価値を、人間存在の絶対必需品である食糧生産者という点に求め、それにもとづいて抵抗を行うとき、その抵抗はもっとも強烈なものとなった。江戸時代の場合、そうした抵抗は、飛驒《ひだ》の大原騒動、三河の加茂一揆、南部の百姓大逃散《ちょうさん》などにみられた。ここで大原騒動について紹介しておくと、明和八（一七七一）年、飛驒高山では、郡中の百姓の困難を承知で年貢米の江戸直送を企てた商人、丸屋平八に対し百姓たちは、「丸屋平八、米壱粒上納せぬ町人の身柄にて（中略）諸人の難儀を顧みぬ不屈きの工《たく》み」と、米の生産者という立場から平八を非難した。翌年、高山の町人と百姓は同じ被治者という立場から、かれらを下人のように取り扱う代官所の蔵番や取次ぎ人を、「この方より養い置く所なれば、この方をこそ主人とも存じ大切にする筈の事也」と批判したのであった。

それでは田中正造と足尾鉱毒事件の場合はどうか。厖大な『田中正造全集』を通覧してみても、自らを食糧の生産者と自覚するところからくる近世百姓と同じ自らの価値に対する明治農民の自覚は、つぎに紹介するわずか一点しかなかった。それは明治四一（一九〇八）年三月に谷中村残留民の妻たちが提出した「谷中村復活請願書」（島田宗三家文書一〇、栃木県立文書館）である。

> 私共無学の土民労働者の多数が倒れて了《しま》いましては、大概《たいがい》人間が中《（半か）》分も無くなる訳ですから、そうなれば智識生活をなさる方々も生活が立たぬ様になりましょう。

ここには自分たち「土民労働者」が人びとを支えているという自らの価値に対する自覚がたしか

にみられる。

同じ自覚を正造自身はもっていただろうか。実は、いま紹介した請願書は谷中残留民の妻たちが提出したものであるが、それとほとんど同じ『旧谷中村復活請願書』の起草者が正造であったと確認されている（『全集』第四巻、六五五頁）。したがって正造もまた近世の百姓と同じく、農民自らの価値を自覚していたと考えられる。このことは同年の八月六日、逸見斧吉《へんみおのきち》が正造あての書状でつぎのように書いていることからも証明できる。

下級農民の辛酸真《まこと》に容易ならず、我等皆この人々に養われて、しかもその恩を知らず、知らざるのみならずかえってこれを侮辱しつゝ、やゝもすれば大暑の恩恵を罵《ののし》って緑蔭に高枕安臥《あんが》を貪《むさぼ》らんとす。その罪いたって軽からず候。真《まこと》に貴諭「彼等の労を忘れざるものは幸い也」の一語を敬誦仕り候。

近世とのちがい　明治の民衆（農民）には、近世にみられたような自らの価値に対する自覚を表面に出しにくい事情があった。すなわち、近世民衆の自らの価値に対する自覚は、士農工商という分限的身分秩序と深く関係していた。農民は自分たちが食糧生産者という働きのために、分限的身分秩序で士身分につぐ高い身分が与えられているということを熟知していた。そこからかれらの自らの価値に対する自覚は発した。ところがこの分限的身分秩序は明治に入って撤廃されたので、近世農民の依拠していた価値体系は崩壊したのである。士農工商という身分体系の消滅と同時に、士身分に年貢米を提供していた農の意味もなくなったのである。明治一七（一八八四）年に勃発した秩父《ちちぶ》事件の農民たちもそうであったが、足尾鉱毒事件の農民たちも、この点、自らの価値に対する自覚をもちにくい状態にあったのである。

もうひとつ、明治時代の農民に自らの価値に対する自覚をもたせにくくした原因として、租税形態の現物納から金納への変化があげられる。なぜなら、近世のような米納（後期には金納も次第にふえたが）だと、自分たちの納める米が為政者である士階級を養っていることは明らかである。したがって自らの価値も自覚されやすいが、租税形態がすべて地券を媒介とする金納に変わると、被治者が為政者を養っている仕組みが見えにくくなるからである。これが明治時代に入って、農民のあいだから米の生産者意識、社会の維持者意識、さらには人間の再生産者意識、ひいてはそれらをひっくるめた自らの存在意識があまり表白されなくなる理由と考えられる。

行動の公的性格

これはとくに百姓一揆の指導者にみられたもので、かれらが百姓一揆の目的を万民の生命を救うために起こしたもので、そのためには自分の生命など惜しまないとするものである。たとえば、嘉永六（一八五三）年、南部領百姓大逃散《ちょうさん》の指導者は、「民衆のために死ぬる事は元より覚悟の事なれば、今更命惜しみ申すべきや」といった。

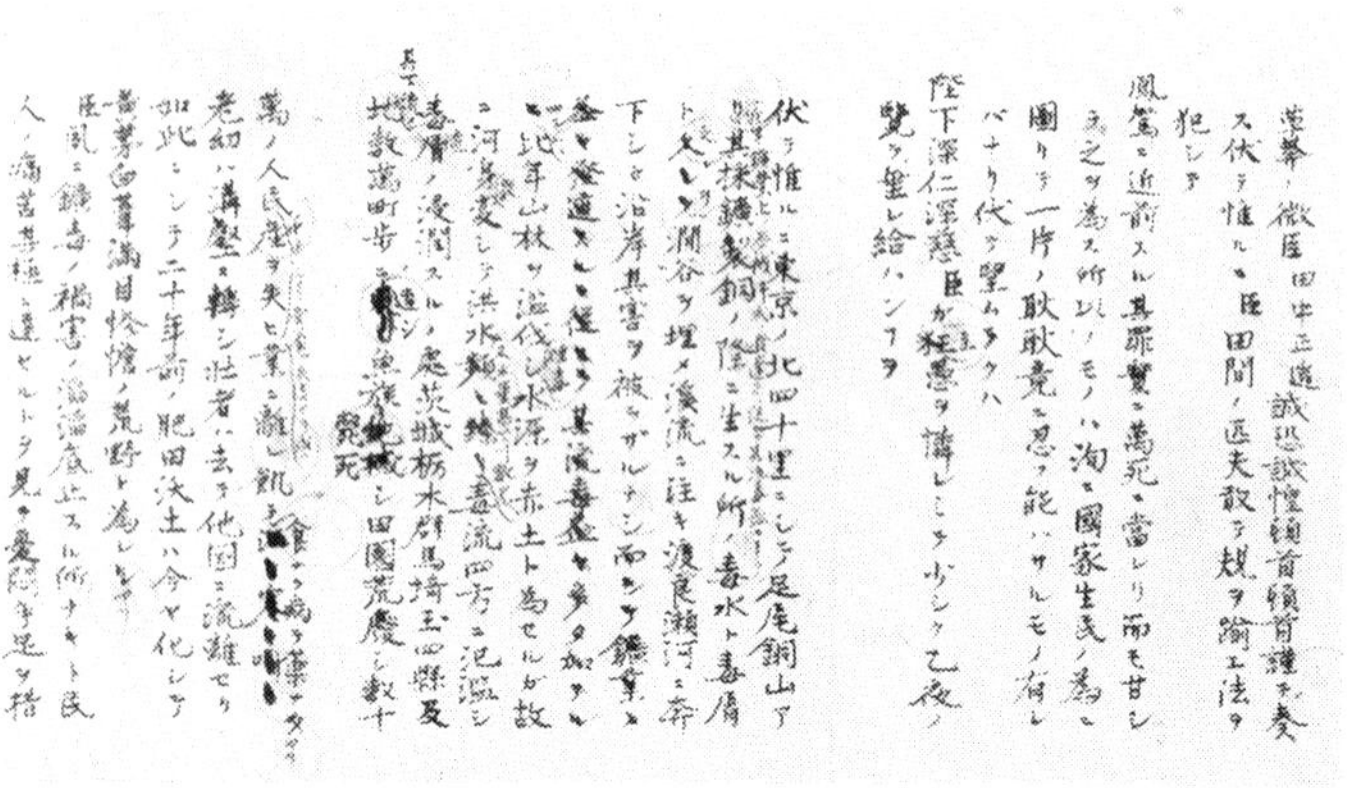

田中正造の直訴状（控の部分、原田寛氏蔵）

田中正造の場合どうか。それは若いころの六角家騒動にもみられたが、明治三四（一九〇一）年一二月一〇日の直訴状にも、「臣年六十一しかして老病日に迫る。おもうに余命いくばくもなし。たゞ万一の報効を期してあえて一身をもって利害を計らず」と明瞭に認められるのである。また翌々日の時事新報で、「罰せらるゝのも致方のない事として万一事上聞《じょうぶん》に達し年来の志望を達する様になりさえすれば、私はそれで死んでも構いません」といっている。多くの人びとのためになるなら自分は死んでも構わないという思想は、さきの南部領百姓大逃散の指導者とまったく同じである。ここには幕末期、六角家騒動で村人のためをおもって活躍したときの村役人的心情がそのまま残っているといってよいだろう。正造はよく百姓一揆の指導者になぞらえられたが、同年一二月の滑稽《こっけい》新聞（二〇号）で、「当代の佐倉宗五《（ママ）》をもって自己の分なりとせんや」と、自ら自分を佐倉宗吾になぞらえている。この点ではまさに近世の百姓一揆の指導者と同じ意識にあったということができよう。

論理の正当性

正造の演説は多岐にわたり、やや冗長《じょうちょう》の気味があって、「御世辞にも切れ味がするどいとはい、かねる」が、問題提起はするどく、分かりやすい比喩《ひゆ》を用いて聴くものをあきさせなかったといわれる。演説はともあれ、正造の書いたものをみると、たとえば、上から下へ流れる水の性を根拠として、水を下から上へ流そうとする政府側の無理をつくあたり、理路整然とした論理の展開に感心させられる。前章で詳述した政治批判の根拠の数々、たとえば、仁政主義、天皇、権利、立憲主義などは、いずれも論理的でなかったろうか。内容については再論をさけるが、この点でも百姓一揆の指導者たちの理路整然とした為政者に対する議論が想起されるのである（前掲の『伝統的革新思想論』参照）。

民衆の道理の正統性

この道理は少し広く考えると第四の論理の正当性を含むが、ここでは問題をせまく考え、民衆以外の人々、とりわけ為政者や権力者から正しいと認められなかったり、少なくとも理解されがたかったものを、とくにとりあげたい。

その最大のものは、為政者・権力者の追放・打倒を是とする、いわゆる革命権の思想だろう。近世にあって有名なのは、上田藩（長野県）百姓一揆の記録『上田縞《うえだじま》崩格子《くずれこうし》』にある、「頃は宝暦一一辛巳《しんし》年一二月一二日、誠に壱人貪戻《どんれい》なれば一国乱を起す事民の道にこれあり」である。民の道においては、上にもし民衆を苦しめるものがあれば、それを取り除くために立ち上ってよいという抵抗権・革命権の発想は、たしかに為政者や権力者からは容認されない、また理解しがたいことであったろう。正徳二（一七一二）年、金沢藩の支藩、大聖寺《だいしょうじ》藩でおきた百姓一揆のさなか、百姓たちが悪代官に対し、「今からは我々らが心次第に、したい儘《まま》にするぞや、仕置きが悪しくば、年貢はせぬぞ、仕置次第につく我々ぞ。京の王様の御百姓になろうと儘じゃもの」と、領主の政治いかんで領主を自分たちが決めるといっているのも革命権の主張といってよかろう。相模国酒井村の庄屋、駿河《するが》屋《や》彦八《ひこはち》が、渡辺崋山《かざん》に向かって、毛程も情のない殿様は「取りかえたらんこそよかるべし」といい、これに対し崋山が厚木の民は犬にもおとると驚いたというエピソードも、民衆のあいだの革命権思想の存在と、この民衆側の思想を理解できない為政者側の実態をよく示している。

それでは同じような発想が田中正造にみられなかったであろうか。実は、正造が六角家騒動の折、六角家の本家、烏丸家にあてた嘆願書のなかに、つぎのような革命権思想を示す言葉があったのである。

御当主様御暗君の趣につき、恐れ入り奉り候えども、御隠居遊ばされ、御次男様をもって御家督遊ばされたき候こと。

領主を暗君とよんで、弟とかえようとする大胆な革命権の要求である。

正造の為政者批判は、ときの為政者や御用新聞、さらには無理解な民衆から、被治者としてあるまじき行為と非難されたりしたが、正造の考えによれば、「官に過ちあれば、臣これを諫《いさ》めるの忠なくんばあらず」であり、したがって正造の心のなかでは、「正造の政府を攻撃するは助けらるの故なり」なのであった。実際、正造は明治天皇への直訴状のなかでも、「陛下の地と人とを把《とら》えて、かくのごときの悲境に陥らしめて省みるなきもの、これ臣の黙止すること能わざる所なり」と、臣としての立場からの諫言《かんげん》がみられた。

このところは、文化七（一八一〇）年生まれの陸奥国伊達《だて》郡金原田《かなはらだ》村の百姓、菅野八郎《かんのはちろう》のいう、「先づその主譟弱《だじゃく》にして、その国亡びんとする時は、実の忠臣、義士ならば、必らず諫死《かんし》もすべし、たとい土民の身なりとも、代々安穏《あんのん》に年月を送りし御国恩の重き事、なんぞ上下尊卑の差別あらんや」と瓜ふたつの思想である。正造と八郎、この二人が比較的近い時期に生まれ、近い地域に住んでいた人であることを思うと、この思想は当時の人びとにかなり一般化していたと考えてよいのではなかろうか。

抵抗権の宣言

さて、正造はこの考えをさらに進めて、すでに紹介したことではあるが、明治二〇（一八八七）年一〇月、政府が貧窮な民衆を弾圧し、その息の根を絶とうとするときには、「決して長くこれを傍観すべきものにあらざるべし」といった。政府の弾圧に対し、「傍観すべきものにあらざるべし」ということは、政府に抵抗することを民衆のとるべき姿、つまり倫理とみなしていることである。これはもはや民衆による抵抗権の宣言といってもよいのでないか。

明治三四（一九〇二）年三月一三日の衆議院の演説では、さらにこの点を発展させて、政府が相変らず鉱毒の被害民を虐待するなら、それは「政府の方から、軍《いく》さを政府に仕掛けても差支えのないだけの権利を、人民に与えると云うこと」であると開き直ったが、これはまさに民衆側が政府に抵抗する正当な権利をもつこと、つまり、抵抗権をもつことの確認であった。しかもこの権利は民衆側が積極的に得ようとしたものではなく、生活の自衛上、やむなく行使することになるものだといっている点で、近世にみられた抵抗権思想と同じ基盤にあることがわかる。

この演説は、明治初期の自由民権思想家、植木枝盛《うえきえもり》の主権在民の立場からする圧制政府に対する抵抗権・革命権の思想を思いおこさせる。正造は明治初年、自由民権思想を積極的に学んだから、植木枝盛のこうした思想の影響があったかもしれない。

しかし私はその可能性よりも、正造の抵抗権思想は六角家騒動の時点ですでにみられたから、近世の民衆思想からの影響がより大きいと考える。竹内敏晴氏もさきの正造の演説を、「ヨーロッパ近代思想の受け売りでなく、自前の生活から萌《も》え出たもの」と考えている。家永三郎氏も正造のたたかいを生存権回復のそれと理解している。

生存権回復のたたかいといえば、江戸時代の百姓一揆はすべて生存権を回復しようとしたものであり、となると正造の抵抗権思想は、百姓一揆という「自前の生活から萌え出た」ものであり、近世民衆の抵抗権思想の延長上に位置するものと考えることができる。

道徳性に対する矜持《きょうじ》と合法性への自負

道徳性に対する関心は人一倍強かった。「死すともわるい事を為すべからず」、「人生の禍福は皆道徳道義忍耐の力くらべ」とか、「人にして人の為すべきを為さゞるものは人にあらず」といった発言がみられる。人道実践会の結成などもあった。自身も未払いの鶏卵《けいらん》代を人に依託して渡すとか、道徳的であろうと努める人であった。しかしそれを誇りに思うことはなかった。百姓一揆の指導者が道徳的にすぐれた人で、他人から後ろ指をさされないことを誇りにしたのとくらべると、正造は周囲の人から「あその馬鹿」だとか、ひどいことをいわれても平気だった。

合法性の点では、終始、合法的な請願運動を推進したところから分かるように、法律遵守を第一とした。しかしそれを百姓一揆の指導者のように、政治批判の根拠として利用するということはなかった。

したがってこの道徳性の矜持と合法性の自負という点は、同じ民衆運動の指導者ではあっても、近世の百姓一揆の指導者と少しちがうところである。それではそれはなぜか。道徳性の点では、正造が自ら道徳的であろうと努めればそれでよく、それを他人がなんとみようと意に介さなかったためであり、合法性の点では、法治国家にいる日本人が法律を遵守するのは当然のことで、いずれ為政者が分かってくれるだろうという為政者に対する楽天的な為政者観があったためであろう。自らの側の合法性が効果をあげないからといって恨みに思ったりする必要はないと考えていたためでなかろうか。

不服従の倫理

近世民衆の不服従の倫理については、これまで私の多く発掘してきたところだが、ここでは田中正造が感銘をうけた実例についてのみ紹介してみよう。

古河町悪土《あくと》新田《しんでん》の名主家に生まれた東左衛門《とうざえもん》は、井伊家が渡良瀬川をいく御用船の運行をしやすくするために護岸用の竹や木を伐ったのに対し、河底に杭《くい》を打ち、一一五日間も船を通さなくした。結局、この舟運妨害は、以後、みだりに竹木を伐らないことを条件に解除されたが、ここには村人の生活重視から井伊家を相手に一歩もあとに引かなかった東左衛門の不服従の倫理がみられる。

天保二（一八三一）年の渡良瀬川の大洪水で、領主側が城を守るために堤防を切り、領民の流出した家財を弁済するといったのに、その約束を守らなかったため、東左衛門は領主を幕府に訴えるが、失敗すると自分が死んだことにして葬式を出し、京都へ出奔し白河殿の家来になり、天野井正《あまのいせい》玄義種《げんよしたね》と名を変えて白河へ出向き、本陣に領主の家老を呼び出して国替を命じた。しかし身分がバレて捕えられ、主家をたぶらかした罪は問わないから、国許へ帰って名主職をつとめよと諭されたが、あくまでも理非曲直を奉行所で決したいといいはり、結局、終身牢となって、翌天保三年に獄死した。ここには、自らのよしとしないことには従うべきでないとする不服従の倫理が一貫して強烈にみられる。

東左衛門の死は、領主側の約束違反をとがめるところから始まった。為政者たるものは約束を守らなければならないという筋を通したのである。自分が正しいと信ずる筋を通すためには死さえいとわないという精神が、近世民衆の、とくに名主・庄屋層に顕著だった。この筋を通すことに対する潔癖さは、明治時代に入ってどうなるだろうか。明治八（一八七五）年生まれの、したがって近世民衆をよく知る柳田国男が、「自分の思想の論理を通すということが、明治時代以降、ルーズになった」と嘆いたのが、その答えを暗示している。

ともあれ、東左衛門の、ないしは近世民衆の不服従の倫理をストレートに継承したものが田中正造であったことは、本書の読者には了解しやすいところであろう。かれの一生はつねに自らの正しいと信ずる筋を通そうとした軌跡にほかならなかった。正造は自分の性分について、「大義名分のいかんを識別し、大体の上より利害得失を比量し得て、自ら善と信じ利と認むる点を、遂行し収拾する時にあたってはいさゝか奪うべからざる精神を有す」と分析した。その結果、「いやしくも公共の職にある者の一分《いちぶ》が相済まぬと思い込んだが最後、風吹かば吹け、雨降らば降れ、職務も財産も、はた身命をもこれがためには犠牲に供して毛頭の未練残らず、斬ってきって斬りまくって最初の一念こゝに貫き」という生き方となったのである。

その他の近世と近代に共通する民衆思想

近世と近代に共通する民衆思想をいくつかつぎにとり出してみよう。

【中央為政者への指向】　正造を含め、明治人には明治天皇への敬愛と期待が著しい。これには後述もする明治維新の幻想が尾を引いていたが、基本的には、近世民衆が中央の為政者なら自分たちの苦しみを分かってくれるにちがいないと考えた中央指向によるところが大きい。百姓一揆で百姓たちが直接の為政者をとびこえて、江戸へ越訴《おっそ》したのはこのためである。かれらは一般に悪いのは直接かれらを支配する代官などであって、江戸にいる領主や将軍はかれらの苦しみを知らないだけなのだと考えたのである。正造の直訴もまた、鉱毒被害民の苦しみを明治天皇が知らないと考えたところから出たことはすでにみた通りである。

近世も幕末に近づくと、幕藩権力の衰えを直感した全国の百姓たちは、幕藩権力の及ばない権力者、つまり天皇や公家を頼って、自分たちの願いを通そうとした。さきに紹介した東左衛門が京都の公家・白河殿に接近したのも同じ理由からであった。一般に江戸時代の民衆は天皇の存在をあまり認識していなかったと思われているが、実際には、とくに幕末にかけては、案外そうでなかったようである。

たとえば、天皇の常住する京都では、天明期以降、「お千度廻り」という町人の示威運動が何度もみられたし、天保期、三河国振草郷《ふりくさごう》の商人、湯浅武八《ゆあさぶはち》は、百姓との争論に勝つために、天皇をだれよりも頼りとするお守りを肌身離さず身体につけていた。

こうした民衆の伝統的な中央為政者への期待（中央の為政者ほど正義の実践者であるはずという思い込み）と幕末期の天皇への期待、それに明治初年の民衆を配慮した五箇条の誓文の明治天皇自身による宣言（民衆への仁政の約束）への感激が、明治時代の民衆の明治天皇への敬愛になったのであろう。

【部分重視主義】　正造には全体よりも部分を重視する考え方があった。さきに空間的現実主義として紹介したものがこれである。

この部分重視主義は、江戸時代の民衆に一般的であったと思われるものである。典型例をひとつ示そう。三河国北設楽《しだら》郡稲橋村の古橋暉皃《てるのり》は、価値の比重を、家↓村↓郡↓国といったように、身近なものから遠くのものへ及ぼす人であった。換言すれば、かれは全体より部分を重視する人であった。したがってかれは領主や国の利益より、民衆の利益を優先した。かれの場合、国利といっても民利あっての国利であり、国の発展といっても民衆個々人の幸福があってのものだった。ものごとの最初が家の基礎がためにあることを、「一には役家の基礎を固め、二には人心を団結するにあり」といい、ついで一村から複数の村へ及ぼしていくべきことを、「一家の余材をもって一村に及ぼし、近村に及ぼす。」と述べている。かれにあっては愛国も、「愛国といえば、広大にしてむつかしきようなれども、いと易き事にて、一身一己より一家をなし、家集まりて郡村となり、それより天下国土をなすなれば、畢竟《ひっきょう》愛国というも、銘々の身をかばい、親に孝に、妻子を育む事ならず」となった。

【村役人意識】　近世の村役人のなかには、村人を自分の子とみなし、村人のために一身を投げ出して努力する人が少なくなかった。百姓一揆の指導者を引きうけ、村人の犠牲となって死んでいった人にはそういう人が多い。

さきに紹介した古橋暉皃は、稲橋村の名主として天保七（一八三六）年、年貢の減免を認めようとしない郡代に対し、「古橋源六郎はかたじけなくも御料所の名主なり、ことに支配役所御添翰《てんかん》とも拙者へ却下せらるるは天下の人民うえこゞえても御構いなきとの意なりや」と開き直った。領主や郡代の都合よりも民衆の都合を優先すると宣言したのである。正造にも同じ村役人意識があったことは、幕末期の六角家騒動にもみられたが、明治に入ってからも引きつづき持ちつづけていた。明治維新政府や天皇への期待が長くつづくのはこのためである。正造自身は、前章の冒頭でみたように、政治家は民衆の幸福のために専念する人間と信じていたので、他の政治家も同じ考えをもつと思いたいわけで、そうした政治家ばかりなら、自らの主張が理解されるはずだったのである。

【比較主義】　正造に比較主義がみられたことはすでにみたので、ここでは近世の民衆にもそれがあったことを紹介しておこう。

まず、空間的な比較としては、たとえば、天和二（一六八二）年、濃州土岐《とき》郡大嶋《おおしま》村が隣村の実施例をきいて、庄屋の江戸行費用を節約させたり、宝永三（一七〇六）年、濃州揖斐《いび》の百姓が領国での政策を比較したり、文久二（一八六二）年、濃州恵那《えな》郡野井村の百姓が、野井村にのみ御伝馬人足費が支給されなかったことを、「依怙贔負《えこひいき》」と唱え、「村内一同私共始め承服仕《つかまつ》らず候」といったところにみられる。

時間的な比較としては、宝永七（一七一〇）年、濃州加茂《かも》郡蜂屋《はちや》村が古来より蜂屋柿《はちやがき》の献上によって、諸役を免除されてきたとして助郷役《すけごうやく》の賦課に反対したのがこれである。

二　過渡期の思想

近世民衆の不服従の倫理は、為政者側の弱体化した幕末期、政治に自らの意見をのべる政治的主体性となって噴出した。

このことはまだあまり知られていないが、幕末期の民衆は意外に日本の運命をわがことのように心配していたのであった。

政治的主体性

たとえば先にみた、陸奥国伊達郡金原田村の百姓、菅野八郎は、国難の折には、たとえ百姓身分のものでも積極的に意見をのべよといったし、同じ伊達郡松沢村の名主、松沢粂八《くめはち》は、鳥羽・伏見までで戦いをやめよという手紙を、自分の費用で全国の諸大名に発送した。周防《すおう》大島の百姓、喜右衛門《きうえもん》は、「いずれ日本はアメリカやロシアと戦争をするときがくるが、そのとき江戸の天下様（将軍）はあてにならぬ。日本の国は百姓が守らねばならぬ」といった。迫りくる日本の危機を一手に引きうけようという、これはまたなんという健気《けなげ》な愛国心の発露であろうか。江戸の将軍を筆頭とする士階級のだらしなさは、瀬戸内海の島民の耳目にも明らかであり、自分たち百姓の力への自負が大であったことを示している。

政治的主体性のあらわれ

さて、民衆の政治的主体性のさらに進んだ形は、自らが政治の主体者になりかわることであろう。もちろん、被治者の農民が為政者になれるわけはないのだが、かれらの行動が結果的・性格的に政治主体としての働きをすることはあるだろう。幕末という時代はそれを可能にする時代だった。

幕末期の陸奥国伊達《だて》・信夫《しのぶ》両郡の村々では、慶応二（一八六六）年五月、世直し一揆の決行を示す「わらざ廻文《かいぶん》」に、「世の中穏かに仕りたくもおそれ《ママ》ながら天下泰平、五穀成就を心願に書状相認め、末々まで披見仕り、その上それぞれ村方へ順達あいなられ候」と書かれていた。ここに披瀝《ひれき》されている、世の中を穏やかにしたい、天下泰平、五穀成就を願うという一揆の目的は、本来、為政者の役割ではなかったか。それにもかかわらずそれを百姓が意図したということは、為政者になりかわって為政者の役割を百姓自らが実践しようとしているわけで、それは為政者に対する訣別《けつべつ》意識、ないし為政者をたのみとしない政治的主体性の宣言であった。これは為政者からすると自らの存在理由をなくすもので、かれらをあわてさせるに十分だった。

為政者が世直し一揆を恐れた真の理由は、それが為政者の存在を実質的に否定するものだったからである。それは百姓のあいだに為政者をたのみとしない意識が一般化したことから知られる。たとえば、慶応四（一八六八）年、仙台藩の兵隊が農家に押し入り、「美よき婦女をとらえ、あるいは輪奸《ママ》、奸淫《ママ》などに及」んだとき、近所の百姓二、三百人が仙台藩と三春《みはる》藩の屯所《とんしょ》へ押しよせ、「鉄砲を打ちかけ、切り入り候て追いちらし」たし、仙台藩の兵隊が御代田《みよた》村の名主を連行しようとしたとき、「百姓大勢集まり、仙藩人を打ち殺し、四、五人召し捕」えたのであった。幕藩権力の衰退していた幕末のせいでもあろうが、百姓たちは仙台藩士の横暴に対し、為政者にその取締りを求めるのではなく、自らの力で乱暴人を追い払ったのである。同じ年の七月、士階級の逃亡した福島町では、町人ばかりとなって不安に思っていたところ、「からす組」と称する仙台藩兵が侵入し、放火するという噂《うわさ》が流れた。そこで町では、女子供を避難させ、集会を開いて、その場合には各所の半鐘や寺の大鐘をつき、「からす組」を「はさみ打ち同様にいたすべく」と手はずをきめ、「いせい強き者ばかり」が近在の百姓の加勢をうけ、「鉄砲ややり、竹やりその外銘々勝手の持ち物」で入ってきた「からす組」と抗戦し、集団の力で侵入者を撃退したのである。また慶応四（一八六八）年九月八日には、福島表の仙台藩兵が敗走時に十軒ばかりの町家に火を放ったので、「町人共立腹いた」し、福島城中の弾薬を取り出して仙台藩兵と砲火を交えたのであった。

幕末期の百姓たちはこうした政治的無秩序から家族や村を守るために、さまざまな組織を結成した。菅野八郎は、当時しきりに発生した強盗、放火、殺人、強姦《ごうかん》などの不安から百姓を守るために誠信講《せいしんこう》という組織を結成した。この組織は講という伝統的な名前をもつものの、宗教的・親睦的なものではなく、自分たちの村や家を守るためのすぐれて政治的な組織であった。百姓たちが社会不安の除去を領主権力に依頼するのではなく、自らの力で自らの村や家族を守ろうとした点で、この誠信講は百姓自らの政治的主体性をよく示している。

民衆自らによる政治

為政者をたのみとしない政治的主体性のもっとも高揚した形態は、民衆自らによる政治の実現であろう。民衆はさきにもふれたように、生来、為政者の役割を自ら以外のだれかに譲る体質をもっていて、どれほど過激な百姓一揆のさなかでも、自分たちが為政者の座につこうとしなかったが、稀有《けう》の例外が福島の地にみられた。それは明治元（一八六八）年一〇月一六日、会津領南蒲原郡《みなみかんばら》（新潟県）では、鹿峠《かとうげ》・長沢組下三八か村が世直し一揆を決行し、一〇か条の要求のもと、四日間、民主的な自治を行ったのである（下田郷《しただごう》騒動）。わずか四日間ではあったが、百姓が生来的な体質の壁をこえ、自ら為政者の座にすわって政治を行ったということは、日本の農民史において画期的な出来事であったにちがいない。

五箇条の誓文

以上にみた幕末期の民衆の意識は、日本の行く末の決定に自らも責任があるという、政治主体としての自覚からであった。こうした自覚が日本中に充満していたために、明治維新政府の看過できないところとなり、五箇条の誓文のなかに盛りこまれたのである。第一条の「広く会議を興し万機公論に決すべし」や第二条の「上下心を一にし盛んに経綸を行うべし」がこれである。五箇条の誓文は表現が抽象的で後年種々に解釈される余地を残したが、この条文を民衆側からみるとき、それは被治者側の意見をとり入れて、為政者と被治者が協力しつつ政治を行うという基本方針の宣言とうけとられたのもむりはない。

事実、正造自身、第二条の「上下心を一にし」を「天皇国民同治」と解釈し、天皇と国民が協力して政治を行う方針と理解している。そこからかれの第一条と第二条を「嗚呼《ああ》これ民の声は神の声なりと文章の外に顕われて誠にありがたきことに候」とよろこんだ理由がある。

正造は明治三〇（一八九七）年一〇月の請願書のなかで、「国に民命あり、これを保護するは政府及び国民の責務なり」と書いた。国民を保護することが政府の責任であることは分かりやすいが、この文章はそれが「国民の責務」でもあるというのである。それはいったいどういうことか。それはとりもなおさず、国民の保護を政府にだけまかせるのではなく、国民自らも責務として引きうけることにほかならない。このことは日本の民衆が政治を自分以外のだれか、つまり、政治家にまかせてしまう伝統的性向をもつことから考えると、画期的に重要なことではないか。なぜなら、正造が国民の保護を民衆自身の責務としたことは、本来、政治家の役割であった国民の保護を民衆自らも引きうけるという政治的主体性の表明だったからである。ここには幕末期民衆の政治的主体性が反映しており、かつこれは政治を為政者と被治者と協力して行うという五箇条の誓文の精神に沿うものであり、当時、この考え方が日本人のあいだで一般的であったことを想像させるのである。

五箇条の誓文はこのように幕末期民衆の政治的主体性の反映としてよむ必要がある。幕末期の動乱を体験した明治人が、五箇条の誓文を大変に重視したのはこのためである。たとえば、明治一七（一八八四）年の秩父事件の指導者たちは、五箇条の誓文の発令を「御誓文の万機公論万代保全の道を立てんとす、衆またこの旨趣に基き協力努力せよとの御約束なり」と理解し、現行の明治政府が明治天皇の発布した五箇条の誓文を「蔑如《べつじょ》無視」、「私慾傲慢《ごうまん》」なので、「民権を得る為め生命財産を賭して勃起」しようと決意したのである。したがってかれらにとっては秩父事件は正義の実践にほかならず、かれらの一人、落合寅市《おちあいとらいち》は死ぬまで秩父事件を義挙と位置づけ、事件の犠牲者を、「これ真の忠臣義民今日立憲政治民権の開拓者先覚世の人に先だって事をなすは犠牲者なり苦心豪傑なり」と称揚してやまなかったのである。正造が一生のあいだ、五箇条の誓文の精神に依拠して、たとえば、明治政府の無策ぶりを、「これ　陛下の聖旨に大いに違えたる者といわざるべからず」と批判しつづけたのも、同じ五箇条の誓文に対する熱いおもいからであった。

夜明けの予感

明治初年の日本人の明治維新にかける期待は大きかった。一時期、正造の傍にいた黒沢酉蔵《くろさわとりぞう》によれば、正造は明治維新によって日本は正義の貫徹する国になったと楽天的に考えていた。明治の御代は天皇と人民が一体となって作ったものだから、けっして邪が栄えるわけはなく、天皇に直接訴えれば必ず正義は貫かれると考えていたという。明治人は一様にそれまでの苦しい生活から自分たちを救ってくれたものとして明治維新を考えた。かれらが明治維新を「御一新《ごいっしん》」と親しみをこめてよんだのは、かれらの熱いおもいのせいである。さきにみた陸奥国の菅野八郎も、中山道馬篭《まごめ》宿の青山半蔵（『夜明け前』）も、そこから山ひとつへだてた三河国の古橋暉皃もすべて御一新に期待した。だからこの「御一新」が夜明けとならず、「夜が明けてからの昏《くら》さ」に終わったときの失望は大きかった。正造は晩年、江戸幕府と明治政府を比較して、つぎのように前者の方がよかったと回顧するのである。

徳川幕府の専制政治ははなはだしかったが、近年の明治政府のような暴政はなかった。立憲政治下において、現在のような乱暴が公然と行なわれるのでは、むしろ徳川幕府に任せておく方がはるかに安全だった。

ともあれ、ここでは明治初年の日本人の「御一新」にかける期待と、それを文字に表現した五箇条の誓文への熱いおもいを理解する必要がある。明治期の正造を支えるエネルギーはみなこの幕末期から明治初年にかけての真の政治を求める民衆の情熱から発していたからである。

三　近代思想

それではつぎに正造が明治に入って新しく身につけた思想、いわば近代思想とはどういうものであったろうか。

権利思想　正造は前編でみたように、明治初年、江刺県の獄中で、スマイルズの『自助論』を訳した中村敬宇の『西国立志編』やルソーの『民約論』をよんだ。この読書によってかれは初めて民衆の自立の権利を説く西洋思想にふれたのである。ただ、その内容についてはそれほど驚かなかったと想像される。なぜなら、民衆の自立とか権利の要求とかいう言葉はなかったものの、その実体は近世にあった村の自治や村方騒動、百姓一揆において親しかったからである。日向康《ひなたやすし》氏も正造が西洋の書物をよんでの感想は、今まで自分の考えてきたこととそんなに違うものではなかったのではないかという。マカレスター大学のJ・K・フイッシャー氏も、幕末・維新期の日本人が出会った西洋文明はプロテスタント文明であり、かれらはそれに特徴的な勤倹・克己《こっき》・努力などの生活をしていたので、異質の文化という感じをもたなかったのではないかといっている。

ただ、これまで自らの要求してきたものが権利という言葉で表現され、しかもそれが天から生まれながらにして与えられた至上のものと知ったことは、正造のその後の活動を支える力となった点で重要である。

また正造が民権という言葉を法律よりも民衆の生活を保護するうえで有効なものと考えていたことが、「民権は即ち人民の権利のいまだ法律の規定なき処までもこれを保護するの故ならん」という文章から知られて興味深い。

憲法・法体制・立法主義

近世の約束は口約束でなされることが多く、ために反古《ほご》にされることがよくあった。そこで人びとは次第に約束の内容を文字に残すようになった（証文の類）が、それすら鉄面皮な相手によって反古にされる場合が少なくなかった。百姓一揆の高らかな勝利を記した為政者側による高札《こうさつ》や墨付《すみつき》が一揆の鎮圧後、にぎりつぶされてどれほど民衆側がくやしいおもいをしたことか。

その点、明治時代は文字化された契約書の内容がなによりも優先される時代であり、しかも明治帝国憲法を筆頭に諸法規の整備された時代であり、そこに文字化された内容を信頼することのできる時代であった。近世民衆のくやしいおもいをさんざん体験した正造が、憲法や諸法規を楯にとって政府の怠慢を責め、民衆の幸福を諸法規のうえで確立しようと努力したのはこのためである。すでにふれたように正造は、民衆の所有権を認めて、明治帝国憲法の第二七条第一項などに依拠すれば、鉱毒をタレ流して渡良瀬川沿岸の人びとの生活を脅かしている足尾銅山の営業を即時停止できると考えたのである。不幸にして正造のこの努力は、鉄面皮な明治政府の弾圧によってみのらなかったけれど、自分たちの生活を法律が守ってくれるという立憲主義の思想は、明治に入って初めて日本人が知ったものであろう。

自立思想

正造はなにかに頼ろうとする意識を極端にきらう人だった。それはさきに紹介した県会時代、県立病院の設立に対し、生命まで政府の世話になるのはよくないと反対したことや、小学校に補助金を出すべきかどうかの議論に対し、そういうことをすると、「民人自治の気象をして怠心を芽し（中略）妄《みだ》りに依頼の心を増長せしめ自治の気象を養生するの妨害を為す」という理由で反対したことから知られる。

正造がこういう自立の重要性を確信したのは、明治初年、盛岡の岩手監獄で、『西国立志編』をよんだときであったと思われる。この本の影響の大きさは、明治七（一八七四）年、岩手監獄から帰国した正造が、まっさきに六角家事件による債務整理を始めたところにみられる。なぜなら、それは『西国立志編』のウェリントン伝にある「債見《さいけん》は自主の人を化して奴隷とするものなり」の一節に感銘をうけたことによるからである。

人間はなにものからも自立（独立）していなければならぬという正造の思想は、一生つづいてみられるものであった。たとえば、明治四〇（一九〇七）年五月一八日、島田栄蔵らあてのはがきで、「しょくんはひとばかりたよるこじきこんじょうになってはこまります。どこまでもじぶんでやるせいしんはなくさないようにねがいます。よわい心ではいけぬ」と書いている。

明治期、とくに初期、自立心はだれからも重要な思想と考えられていた。福沢諭吉の独立自尊の思想をもち出すまでもなく、自立の重要性は当時の識者が共通して認識するところであった。この意味で自立思想はたしかに近代思想ということができる。栃木県会時代、正造と終始、意見の対立した横尾輝吉《よこおてるきち》でさえ、明治一六（一八八三）年三月、町村教育補助費に対し、「補助金は人民自治の気象に関するをもって漸減すべし」と主張した。また第一回帝国議会の第一号議案、「窮民救助法議案」に対し、反対論者はもとより、積極的な賛成論者の同法案特別委員長、末広鉄腸《すえひろてっちょう》まで、政府原案のままだと、「懶民《らいみん》の依頼心を生ずる」弊害が心配されるといったのも、自立心への配慮からであった。

ところで、この法案は「不具廃疾長病不治の疾病《しっぺい》重傷老衰其の他災阨《さいやく》の為め自活の力なく飢餓に迫る者」を、市町村の公費で救助しようとするものであった。また救助の内容は、「雨露を凌ぐべき居住並びに生存に必要なる衣食を給与し、疾病あれば医療を施す」ことにあった。この法案の提出された明治二三（一八九〇）年は、渡良瀬川の氾濫により、初めて足尾銅山の鉱毒をはっきり人びとに自覚させた年である。このときの被害民は渡良瀬川の氾濫という「災阨」によって、「自活の力なく飢餓に迫」った人々であり、その人々というのは、「実に罪なく告げるところのない良民」であり、従来のような「仁人個々の惻隠の心」では解決できないほどの大規模な災害であることを考えると、「窮民救助法」の対象に十分なると思われるのに、田中正造はひとこともその法案に賛成する発言をしていない。

正造が国会で足尾銅山の鉱毒を問題にするのは翌年のことなので、この年にはまだ認識が低かったのかもしれないが、つね日頃、貧民窮民の生活に深い関心をよせてきた正造としては不思議なことである。これはいったいどうしたことか。私はその主要な理由を、さきに紹介した小学校への補助金問題と同じ理由に求めたい。つまり、窮民救助法をうけると、この地域の人びとの自立心が減退すると恐れたためでないだろうか。

四　近世的要素の減退

理性優位の時代

江戸時代を体験した明治初年の日本人が、五箇条の誓文を歓迎したことはすでにみた。ところがこの政治的主体性の高揚は、明治時代の進行につれて急速にしぼんでいった。この変化はすでに議会の傍聴券に対する関心の減退や五箇条の誓文の精神に対する忘却の事例から紹介した通りである。

五箇条の誓文の意味した君民共治の政治は、日露外交で頭の痛い政府官僚にとっては、いかにも古くさい、まわりくどい政治方針であったろうが、正造にとっては、五箇条の誓文は国民に対する国家的約束であり、国家の続く限り果たされなければならないものであった。いわば五箇条の誓文は、正造の不服従の倫理の原点なのであった。

ところで、自らの正しさにあくまでも固執して政府を追及する正造が、政府高官や国会議員の同僚から頑固者として冷笑されるようになったのはどうしてであろうか。

さきに近代思想のひとつの特徴として、文字化された契約書や法規則が力をもつようになったことをのべておいた。秩父事件の激化した原因のひとつは、高利貸や金貸会社の契約書通りの冷酷な取り立てが法的に認められたところにあった。かつての江戸時代のような貧者に対する恩情が顧慮されなくなったのである。

契約書通りの取り立てが新しい価値基準となった明治時代にあっては、ことがらの内容や実態よりも契約書という形式が重視されるようになったのであり、恩恵といった権力者（為政者、地主、金貸しなど）の庇護の感情より、諸法規の律する冷たい理性が優先される時代となったのである。こうした時代にあっては、なにがなんでも自分のよしとするところに固執する、いわば怨念《おんねん》のような不服従の倫理が、非合理なもの、感情的なものとして、非難、排斥され、人びとに訴える力をもたなくなったのも当然のことであった。

意地の域

人に訴える力をもたなくなったということは、不服従の倫理に依拠する抗争は敗れるしかないわけで、周囲をよくみわたすことのできる頭のよい知識人・著名人らが、正造の不服従一本やりの闘争方針を理解できず、適当なところでの妥協をすすめたのもこのためであったろう。たとえば、木下尚江はトルストイの影響もあって、谷中村を無抵抗でおだやかに引きわたすように残留民に説得していたし、キリスト教徒の逸見斧吉は明治四四（一九一一）年七月、和解の方をよしと考えていた。

妥協や和解をすすめる人たちの関心は、その方が徹底抗戦よりも得だという損得計算から出ているが、正造らの徹底抗戦は損得の域をこえて、正義の貫徹という意地の域に入っている。文字通り感情的・価値的・非合理的な領域に入っているのである。

この面での近世的要素の衰退が、近代への移行に伴う進歩（発展）現象と評価されてはならない。あくまでも自分たち民衆の幸福・利益・都合を優先する不服従の倫理の貫徹は、それが客観的・論理的に正当である限り、これからも遂行されてよいはずのものである。いやむしろ維持・発展されなければならないものだろう。近世的要素へのこだわりは、表面的に非合理であろうとも、さきにみた伝統の再評価とともに、今後、真剣に考えられなければならないものと思われる。

あとがき

「彼《か》の山に到《いた》り。ひとたびその四圍《(ママ)》の景象を眼底に映《うつ》せしことあるものは。必ずやこれを忘る、能《あた》わざらん。眼光の及ぶ処禿山《はげやま》ならざるなく。赫色《あかいろ》ならざるなく。一樹の緑なく。一草の青なきを」とは、古く明治二八（一八九五）年九月一七日に、加藤昇一郎ら三人から出された『足尾銅山に関する調査意見』（開進社）にある文章である。私もこのほど足尾の松木沢《まつきざわ》を訪れ、周囲の荒涼とした山々を見たとき、そのあまりの異様さに声をのんだ。足尾銅山の最盛期から百年以上経つというのに、また毎年、厖大な費用を支出して山の緑化がすすめられているというのに、その効果は一番被害のひどかった松木沢にあっては、ほとんどあがっていない。いったん破壊された自然を回復させるためには、大変な年月と費用とが必要なことを足尾の山々は物語っている。

第二の驚きは、足尾鉱毒事件がまだ終わっていないことに対してであった。群馬県太田市毛里田の板橋明治氏のいう、このあたりの水田は三〇ｐｐｍという銅被害の限界をはるかにこえて二〇〇ｐｐｍ前後もあるという話や、どろんこ遊びをする幼児に鉱害の恐れがあるという杉浦公昭氏の話は、足尾鉱毒事件を過去の解決ずみの出来事と思いこんでいた私を驚かせた。実際、現在でも、

現在の足尾の山々　（著者撮影）

「鉱害はなくなった」という古河鉱業側と、「監視を怠れない」とする群馬県側で鋭い対立がみられるのである。

第三の驚きは、現在、日本の各地でも展開されている公害問題が、加害企業の性格とその対応、さらには体制側の企業庇護の点で、足尾鉱毒事件とあまりに酷似する点についてであった。水俣病と足尾鉱毒事件の比較は、すでに神原聡氏のなされたところであるが、そのほかの公害についても比較がなされるなら、足尾鉱毒事件との相関性は一層、高くなることであろう。この意味でも足尾鉱毒事件は、日本における公害闘争の原点というのにふさわしい。

第四の驚きは、足尾鉱毒事件と同じ性格の公害が世界の各地で、とくに東南アジアにおいて、日本企業の進出によって、あるいは日本人以外の手で、つぎつぎと発生していることである。たとえば、前者の例では、昭和五八（一九八三）年、丸紅を中心とした、三井・三菱・住友・古河らの最大手企業が、フィリピンのレイテ島で、工場の周辺にかつて足尾銅山がやったと同じ公害をひきおこした。後者の例では、宇井純氏がアメリカの公害を紹介している。

最後に、第一の驚きにかえるが、環境問題は現代のわれわれにとって緊急的に重要な最優先課題のひとつである。人間が環境と共存するためにはなにが必要か。人間いかにあるべきか、いかに生きるべきかが問われている時代である。この問いにこたえるためにも、田中正造の苦難にみちた、しかしいつも真摯《しんし》であった七三年の生涯と思想は、われわれに多くの教訓をもたらすことであろう。

田中正造年譜

西暦	年号	年齢	年譜	参考事項
一八四一	天保一二	1	11月3日、下野国安蘇郡小中村（現栃木県佐野市小中町）に生まれる。父富蔵、母サキ、幼名兼三郎。	天保改革
一八四七	弘化四	7	このころより赤尾小四郎に読み書きを学ぶ。	
一八五九	安政六	19	父富蔵の割元昇進に伴い、その後任として小中村六角家知行所の名主となる。	
一八六三	文久三	23	4月9日、大沢清三郎次女カツと結婚。	
			このころ六角家に対する改革運動を開始。	
一八六八	慶応四	28	4月、林三郎兵衛に捕われ、入牢六か月。	3月、五箇条の誓文
一八六九	明治二	29	六角家獄より釈放。堀米村で手習塾。	版籍奉還
			勉学のため織田竜三郎をたより出京。	
一八七〇	三	30	江刺県附属補となり、花輪分局に勤務。	
一八七一	四	31	江刺県権大属木村新八郎暗殺の犯人として逮捕される。	廃藩置県
一八七四	七	34	嫌疑が解け、無罪釈放。小中村に帰る。赤見村の造酒屋兼酒屋、蛭子屋の番頭となる。	板垣退助ら民選議院設立の建白をする
一八七六	九	36	蛭子屋をやめる。夜学を開く。	

			古河市兵衛、足尾銅山の経営開始。	
一八七八	一一	38	政府に、民選議院設立の建白を図る。	
一八七九	一二	39	7月、栃木県第四大区三小区区会議員となる。『栃木新聞』を再刊し、編集長となる。	
一八八〇	一三	40	補欠選挙で安蘇郡選出の県会議員となる。国会開設運動に奔走。安蘇結合会（のちの中節社）を組織、会長となる。11月、国会開設建白書を元老院に提出。	全国に国会開設運動おこる
一八八一	一四	41		開拓使官有物払い下げ事件
一八八二	一五	42	立憲改進党に入党。	
一八八三	一六	43	陸奥宗光の次男、潤吉、古河市兵衛の養嗣子となる。福島県令、三島通庸、栃木県令を兼任。	
一八八四	一七	44	8月、乙女宿事件。10月、加波山事件連累者として収監される。12月、佐野警察署より釈放。	9月、加波山事件 10月、秩父事件
一八八五	一八	45	この年より足尾鉱毒、渡良瀬川および沿岸にひろがる。	
一八八六	一九	46	栃木県会議員に選ばれる。	

一八八九	二二	49	2月、帝国憲法発布の式典に参列。	帝国憲法発布
一八九〇	二三	50	7月、第一回総選挙で、栃木第三区より衆議院議員に当選。9月、渡良瀬川沿岸の農漁業に異変顕著。12月、栃木県会、足尾銅山から流れこむ胆礬毒除却の建議を知事に提出	5月、陸奥宗光、農商務大臣就任 8月、渡良瀬川大洪水
一八九一	二四	51	12月、第二回議会ではじめて「足尾銅山鉱毒の儀につき質問書」を提出	6月、農科大学古在由直の鉱毒分析結果
一八九二	二五	52	2月、第二回臨時総選挙で当選。 5月、第三議会で鉱毒について質問。 6月、同議会で鉱毒について再質問。	このころより各地被害者と古河側との間に暫定示談契約成立
一八九三	二六	53		足尾銅山、粉鉱採聚器を設置。
一八九四	二七	54	3月、第三回臨時総選挙で当選。	榎本武揚、農商務大臣就任。 8月、日清戦争
一八九五	二八	55	9月、第四回臨時総選挙で当選。	各所の被害民賠償金をとって永久示談成立
一八九六	二九	56	3月、第九議会で足尾鉱毒について質問。 10月、雲竜寺に栃木・群馬両県鉱毒仮事務所を設立。	7月～9月、渡良瀬川、三度氾濫
一八九七	三〇	57	2月、足尾銅山鉱業停止請願同盟事務所を設置。	

			2月、第一〇回議会で、足尾鉱毒について質問。 3月2～5日、鉱毒被害民第一回大挙請願。 3月23日、農商務大臣榎本武揚被害地視察。 3月23～30日、鉱毒被害民第二回大挙請願出京。 5月、東京鉱山監督署長、足尾銅山に鉱毒除防工事命令。 3月、同議会で足尾鉱毒について再質問。	3月、内閣に足尾銅山鉱毒事件調査委員会設置。 9月、渡良瀬川洪水
一八九八	三一	58	3月、第五回臨時総選挙で当選。 6月、第一二回議会で鉱毒に関する質問、二回。 8月、第六回臨時総選挙で当選。 9月26日～10月6日、鉱毒被害民第三回大挙請願出京。 9月28日、大挙請願（第三回）出京の被害民と面会し、総代五〇名を残して帰村するよう説得。 12月、第一三回議会で鉱害に関する質問。	6月、渡良瀬川洪水 憲政党内閣発足 9月、渡良瀬川大洪水 12月、地租条例改正
一八九九	三二	59	3月、第一三回議会で鉱毒について質問。 3月、農商務大臣曽祢荒助らと足尾銅山視察。坑夫に不穏な動きあるを見る。 4月、歳費全額を辞退。 12月、鉱毒議会結成。	

一九〇〇	三三	60	2月、第一四回議会で、鉱毒について質問。数度に及ぶなかに「亡国演説」あり。憲政本党から脱党を声明。 2月13日、第四回被害民大挙請願出京。川俣事件発生。 11月、川俣事件の公判中、あくびをして官吏侮辱罪に問われる。 12月、前橋地方裁判所、川俣事件に判決。被告五一名中、有罪二九名、無罪二二名。検事被告双方より控訴。	2月、木下尚江、毎日新聞に「足尾銅毒問題」連載、全一七回 3月、治安警察法
一九〇一	三四	61	3月、第一五回議会で鉱毒についての質問を数度行う。 2月～3月、川俣事件被告全員保釈出獄。 5月、前橋地方裁判所あくび事件に無罪判決。 9月、このころ、初めて新井奥邃《おうすい》に会う。 10月、妻カツ、鉱毒地救済運動に従事。 10月23日、衆議院議員を辞職。 12月10日、議会開院式より帰途の天皇に直訴。	8月、原田英三郎歿（二二歳）。 11月、古河市兵衛妻歿 12月、日本橋教会青年会、鉱毒地救済婦人会など演説会をつづけて開催 12月、学生鉱毒救済会設立
一九〇二	三五	62	3月、内閣に第二次鉱毒調査委員会設置。 6月、あくび事件の東京控訴院判決（重禁錮一か月一〇日、罰金五円）で、巣鴨監獄に服役。	8月、渡良瀬川洪水。谷中村堤防破壊

			ここで初めて新約聖書に接する。 10月、埼玉県、川辺・利島両村の買収を計画。両村民は、納税・兵役の義務拒絶を宣言して買収案を断念させる。	9月、侍従片岡利和被害地巡視
一九〇三	三六	63	5月、谷中村潴水池案浮上。 9月、谷中村民復旧工事中の谷中堤防、洪水のため流失。 10月、鉱毒地の稲豊作。	4月、古河市兵衛歿 7月、潮田千勢子歿 11月、幸徳秋水ら「週間平民新聞」創刊
一九〇四	三七	64	7月30日、谷中村問題に専念のため、以後、同村川鍋岩五郎方に寄留する。 12月、栃木県会、谷中村買収案を可決。	2月、日露戦争
一九〇五	三八	65	2月、谷中村買収反対を決意。 10月、左部彦次郎・栃木県土木吏となる。 11月、このころより谷中買収承諾村民移住開始。	3月、原敬、古河鉱業副社長に就任
一九〇六	三九	66	9月、このころ、安部磯雄らと名義上の谷中土地所有者となる手続きを開始。	1月、内務大臣原敬
一九〇七	四〇	67	1月、内閣、谷中村に土地収用法適用認定公告。 2月、足尾銅山暴動事件。 2月、谷中村残留民より貴衆両院宛の「谷中村復活を期する請願書」を作成。 4月、救世軍ブース大将に面会。	1月、日刊平民新聞創刊

			4月、谷中残留民、栃木県に土地収用反対意見書を提出。 6月29日〜7月5日、栃木県、谷中堤内残留民家屋一六戸を強制破壊。 7月、谷中村救済会の弁護士から不当買収価格訴訟をすすめられ、同意する。 8月、渡良瀬川の大洪水で残留民の仮小屋流失。 10月、谷中村より移住した村民のうち、復帰するもの出現。	8月、渡良瀬川大洪水
一九〇八	四一	68	2月、谷中残留民竹沢友弥歿。 2月、東京救済会、残留民に移住を要請。残留民との間に疎隔を生じ、救済会は自然消滅。 4月、海陸軍全廃の談話。 7月、栃木県、谷中堤内に河川法準用を告示。 9月、谷中堤内への河川法適用反対運動を展開。	
一九〇九	四二	69	3月、「破憲破道に関する請願書」を作成、貴衆両院に提出。 5月、谷中残留民水野彦市歿。 9月、内務省、栃木・群馬・埼玉・茨城の四県に渡良瀬川等の河身変更、谷中村堤内外の遊水化を諮問。各県会は結局、可決。	10月、伊藤博文暗殺

一九一〇	四三	70	2月、谷中残留民名義の「足尾銅山鉱業停止関宿石堤取払憲法擁護元谷中村回復請願書」を作成、貴衆両院に提出。 3月、第二六回議会に向けて「渡良瀬川改修中遊水池の儀につき質問書」を起草。 5月、継母クマ歿。 8月、利根川逆流の影響を視察。 8月、岡田虎二郎に初めて会い、静座法を教えられる。 12月、総理大臣桂太郎、渡良瀬川改修工事地域内に土地収用法適用を公告。	5月、大逆事件 8月、日韓併合 8月、関東大洪水 9月、日根野侍従、水害地視察
一九一一	四四	71	関東のさまざまな河川を調査。	6月、渡良瀬川洪水
一九一二	四五 大正元	72	6月、新井奥邃《おうすい》より、弁護士、中村秋三郎を紹介される。	7月、明治天皇歿 12月、護憲運動
一九一三	二	73	8月2日、佐野から谷中への帰途、栃木県足利郡吾妻村下羽田字小羽田庭田清四郎方において臥床。 9月4日、午後〇時五〇分、同所において胃癌のため歿。	2月、護憲運動の暴動化

※この年譜は、『田中正造全集』別巻（岩波書店）を中心に作成した。

参考文献

――本書の執筆に参照したものを中心に――

一　田中正造著作

田中正造全集編纂会編『田中正造全集』全一九巻・別巻一、一九七七～八〇年、岩波書店

安在邦夫他編『田中正造選集』全七巻、一九八五年、岩波書店

栗原彦三郎編『義人全集』全五巻、一九二五～二七年、中外新論社

二　田中正造研究文献

㈠図書

岡田常三郎編『空前絶後の大椿事』一九〇一年、日本館

高橋鉄太郎『義人田中正造』一九一三年、有朋館

木下尚江編『田中正造之生涯』一九二八年、国民図書株式会社、一九六六年、文化資料調査会復刻

永島忠重『奥邃広録』全五巻・別巻一、一九三〇～三二年、奥邃広録刊行会

島田宗三編『田中正造の歌と年譜』一九三四年、田中正造翁事績研究所

林　広吉解題『田中正造　晩年の日記』一九四八年、日本評論社

満江　巌『民衆の友田中正造』一九五〇年、聖望社

雨宮義人『田中正造の人と生涯』一九五四年、若渓堂

永島与八『鉱毒事件の真相と田中正造翁』一九三八年、一九七一年、明治文献復刻

島田宗三『田中正造翁余録』上・下、一九七二年、三一書房

中込道夫『田中正造と近代思想』一九七二年、現代評論社

林　竹二『田中正造の生涯』一九七六年、講談社現代新書
林　竹二『田中正造――その生と戦いの「根本義」――』一九七四年、二月社、一九七四年、田畑書店
再刊
山岸一平『死なば死ね殺さば殺せ――田中正造のもう一つの闘い――』一九七六年、講談社
東海林吉郎『歴史よ人民のために歩め――田中正造の思想と行動Ⅰ――』一九七七年、太平出版社
東海林吉郎『共同体原理と国家構想――田中正造の思想と行動Ⅱ――』一九七七年、太平出版社
日向　康『果てなき旅』上・下、一九七八～七九年、福音館書店
日向　康『田中正造ノート』一九八一年、田畑書店
長野精一『怒濤と深淵――田中正造・新井奥邃頌――』一九八一年、法律文化社
由井正臣『田中正造』一九八四年、岩波新書
花崎皐平『解放の哲学をめざして』一九八六年、有斐閣新書
ケネス＝ストロング、川端康雄・佐野正信訳『田中正造――嵐に立ち向かう雄牛――』一九八七年、晶文社
田村紀雄編『私にとっての田中正造』一九八七年、総合労働研究所

㈡論文

海老塚量容生「鉱毒問題非騒擾論に対して板倉天耳兄に呈するの書」『三田評論』二一号、一九〇二年
木下尚江「鉱毒問題と田中正造」『明治文学研究』第一巻第八号、一九三四年
平野義太郎「亡国の予言者――田中正造について――」『展望』五三号、一九五〇年
斉藤文恵「鉱毒とたたかった義人――田中正造」『歴史評論』三七号、一九五二年
石井　孝「田中正造晩年の行動と思想」『歴史評論』四八号、一九五三年
林　茂・柳田　泉ほか「田中正造――足尾鉱毒事件をめぐって――」『世界』一〇五号、一九五四年
雨宮義人「田中正造に於ける宗教者の形成」『歴史教育』第三巻二号、一九五五年

青地　晨「現代叛逆者伝4田中正造」『知性』第二巻四号、一九五五年
戸叶　武「義人田中正造の生涯」『日本週報』三六六号、一九五六年
林　竹二「抵抗の根――田中正造研究への序章」『思想の科学』六号、一九六二年
石井　孝「政治家・田中正造のたどった途」『思想の科学』六号、一九六二年
島田宗三「強制破壊の前夜」『思想の科学』六号、一九六二年
日向　康「谷中村――鉱毒事件の埋葬地」『思想の科学』六号、一九六二年
林　竹二「政治と献身――田中正造研究――」『思想の科学』八号、一九六二年
塩田庄兵衛「足尾鉱毒事件　古河財閥か谷中村民か――日本初の公害事件と田中正造――」『エコノミスト』第四五巻四一号、一九六七年
鹿野政直「田中正造――その人民国家の構想――」『展望』一一四号、一九六八年
雨宮義人「田中正造――公害反対運動の原点――」『中央公論』三月特別号、一九七一年
雨宮義人「田中正造翁の書簡」『栃木県史研究』二号、一九七一年
田村紀雄「運動の中の人間的転回――田中正造――」『別冊経済評論』一一号、一九七二年
由井正臣「田中正造の遺したもの」『図書』三二〇号、一九七六年
坂野潤治「初期議会期の田中正造」『図書』三三四号、一九七七年
大町雅美「自由民権運動の潮流と組織化――田中正造の動きを中心に――」『栃木県史研究』八号、一九七四年
花崎皋平「田中正造の思想」『世界』三、四月号、一九八四年

㈢田中正造および関係事項専門の研究雑誌
田村紀雄編『季刊田中正造研究』一～一〇号、一九七六年～七九年、わらしべ書房。『田中正造とその時代』一～四号、一九八一～八三年、青山館。『田中正造の世界』一～七号、一九八四～、谷中村出版社

渡良瀬川研究会編『田中正造と足尾鉱毒事件研究』一〜、一九七八年〜、伝統と現代社、論創社
これらの雑誌に所収された多くの論文を参照したが、細目は略す。

三　足尾鉱毒事件研究文献

加藤昇一郎・持田若佐・野島幾太郎「足尾銅山に関する調査意見」一八九五年、開進社
高岩安太郎『足尾銅山鉱業停止請願ニ対スル告白書』一八九七年、大成社
松本隆海編『足尾鉱毒惨状画報』一九〇一年、東海林吉郎・布川了編『足尾鉱毒亡国の惨状』所収、
　一九七七年、伝統と現代社
小林正盛編『加持世界』第二巻三号、一九〇二年
小口一郎『野に叫ぶ人々』(版画集)一九七〇年、明治文献
田村紀雄『鉱毒農民物語』一九七五年、朝日新聞社
田村紀雄『渡良瀬の思想史』一九七七年、風媒社
東海林吉郎・布川了編『足尾鉱毒亡国の惨状』一九七七年、伝統と現代社
田村紀雄『川俣事件――渡良瀬農民の苦闘――』一九七八年、第三文明社
森長英三郎『足尾鉱毒事件』上・下、一九八二年、日本評論社
東海林吉郎・菅井益郎『通史足尾鉱毒事件　一八七七〜一九八四年』一九八四年、新曜社

四　県史・市町村史類

『近代足利市史別巻――史料編　鉱毒――』一九七六年
『佐野市史資料編3――近代――』一九七六年
『板倉町史別巻一――資料編　足尾鉱毒事件――』一九七七年
『佐野市史資料編――近現代二――』一九七七年

『佐野市史資料編——近現代九——』一九八〇年

五　そのほか

(一)随想

島田宗三「田中正造の思い出」『柳』三〜一二号、一九六〇年
黒沢酉蔵「田中正造を語る」『講演』一二六号、一九六八年、尾崎行雄記念財団

(二)小説・文芸作品

大鹿　卓『渡良瀬川』一九四一年、中央公論社
大鹿　卓『谷中村事件——ある野人の記録——』一九五七年、講談社
宮本　研「明治の柩」『新劇』一一六号、一九六三年
西野辰吉『小説田中正造』一九七二年、三一書房
城山三郎『辛酸』一九七九年、角川書店

(三)列伝

木下尚江『野人語』一九一一年、金尾文渕堂
田中惣五郎『日本叛逆家列伝』一九二九年、解放社
木下尚江『神・人間・自由』一九三四年、中央公論社
青地　晨『反骨の系譜——権力に屈しなかった人々——』一九七二年、評論社

このほか国会図書館憲政資料室や栃木県立文書館に関係史料が所蔵されている。『田中正造全集』の月報にも興味深い小論文が多い。

なお、この参考文献の作成には、安在邦夫「田中正造研究主要参考文献」(『田中正造全集』月報二十)を参照した。

附記

資料提供のうえで松原益子さん、関宿の林保氏、資料採訪のうえで入江宏氏・奥田謙一氏、内容検討のうえで東海林吉郎氏・布川了《ふかわさとる》氏の御協力を得た。厚く感謝申し上げたい。

さくいん

【人　名】

青山半蔵……一九七
天野井正玄義種……一八六
石川三四郎……五七
石川啄木……五八
石川安次郎（半山）……五三・五五・一五七
石田仁太郎……九七
板垣退助……三・四七
井上　馨……三
岩佐大道……五九
植木枝盛……一八四
潮田千勢子……五九
内村鑑三……六〇
榎本武揚……四五・一一八
大石正巳……四七
大沢駒之助……三六
大出喜平……八三
大亦楠太郎……六〇
岡田常三郎……五六
小川長三郎……九一
落合寅市……一九七
加藤昇一郎……二〇六
加藤弘之……二〇
河上　肇……五八
川鍋岩五郎……八四
菅野八郎……一八三・一九二
喜右衛門……一九二
木下尚江……五六・六七・七六・八七・九三
栗原彦三郎……一〇四・一一二
黒沢酉蔵……四二・七四・八九・一九七
国府義胤……三
幸徳秋水……五三・一五七
河野敏鎌……四一
古在由直……三七
五代友厚……二七
小林正盛……五九
佐倉宗吾……五四・一七六・一八〇
左部彦次郎……八三
佐山梅吉……九〇
志賀重昂……七六・一五八
渋谷定輔……一一四
島田栄蔵……二〇一
島田熊吉……一〇一
島田三郎……四三
島田宗三……六六・七七・八三・八七・九二・一〇三・一〇六・一一一
末広鉄腸……二〇一
スマイルズ……二〇
駿河屋彦八……一八二
高田仙次郎……八八
竹内敏晴……一八四
田中カツ……五四
田中クマ……一五九
丹波敬三……四一
土川平兵衛……一七五
土井大炊頭……一六六
東左衛門……一八六・一八八
永島与八……四八
中村秋三郎……一〇三
中村敬宇……二〇
野口春蔵……八三
野沢要次郎……五九
信岡雄四郎……一一三
林　市道……一六五
林三郎兵衛……一一七
原　敬……四一・五七
原田定助……八六・一〇二・一五一
平塚承貞……一六
福迫亀太郎……六一
福田英子……一〇一
古河市兵衛……三三・三五・三九・四五・七〇・一二九
古河タメ……五二
古橋暉皃……一八九・一九七
逸見斧吉……七六・七七・一〇一・一七八・二〇四
増田清三郎……一七五
松沢粂八……一九二
松平直敬……九一
松本英一……四三
松本英子……五二
松本隆海……四〇
間明田粂次……一五〇
丸屋平八……一七七
三島通庸……二五・三〇
水野常三郎……九三
水野彦一……九三

南　挺三……四六
陸奥宗光……四〇・四一
明治天皇……五八・一〇五・一三三
茂呂松右衛門……九一・一〇九
茂呂吉松……九一・一〇九
谷沢友弥……九三
山県有朋……三三
湯浅武八……一八九
横尾輝吉……二〇一
和田維四郎……四一
渡辺崋山……一八二
渡辺長輔……九一
渡辺ツヤ……九一

【書名・事項】

足尾鉱業所……一〇四
足尾鉱毒事件……三・二二・三三・三五・四五・六六
足尾鉱毒調査会……四五
足尾鉱毒反対運動……八二・一〇三・一〇四・一一五
足尾銅山……三九・八一・一〇四・一〇五・二〇六・二〇八
足尾銅山鉱業停止請願同盟事務所……四四
安蘇結合会……二五
吾妻村……三六・九八
為政者倫理……一二六・一二七・一二八・一四〇・一七五
『上田縞崩格子』……一八二
雲竜寺……四四・八三・九八
蛭子屋……二一・二三
海老瀬村……四三・一〇一
大原騒動……一七
押出し……四四・四六・四八
お千度廻り……一八九
乙女宿……一二八
乙女宿事件……三一・三三
開拓使官有物払い下げ事件……二七
学生鉱毒救済会……六〇
家政の憲法……二一
加波山事件……三三・三三
加茂一揆……一七
からす組……一九三・一九四
烏丸家……一七・一八二
川辺村……八二・一一四
川俣事件……四八・六九・八一・八三
官尊民卑……六九・一〇三
官吏侮辱事件……八一
北富士演習場訴訟……一一五
旧谷中村復活請願書……一五三
強制破壊……八七・九〇・九一・一二三・一三三
空間的現実主義……一六二
愚民意識……六二
愚民観……七七・七八
毛野村……三六
源五郎沢……一〇五
憲政党……四七
憲政本党……四七・四九・七四
鉱害反対運動……六〇・六四・八三
公議体……四七・六二
鉱業条例……一三九
鉱毒議会……四八
鉱毒事件……七四
鉱毒地救済婦人会……五九
鉱毒調査有志会……五三
鉱毒反対運動……五三・六五・七一
鉱毒被害地救済仏教者同盟……五九
鉱毒予防令……八二・一〇五
合法主義……一六四
五箇条の誓文……二五・四八・六八・一三三・一五四・二〇三
国会開設建白……一二五
国会開設要求……二五・六八
国会期成同盟第二回大会……七八
小中村……二一・二三・六三・一六一・一七四
今日主義……一六三
『西国立志編』……二〇・二一・二〇一
三里塚反対闘争……一六
残留民……六九
時間的現実主義……一六一
私擬憲法……二八
直訴……五二・五五・五七・八一・一三五
直訴状……一八三
実行力重視……一六六
実用主義……一六三
指導者意識……六二・九四・一〇〇・一一〇
下田郷騒動……一九五
自由民権運動……二一・六八・一三三・一三八・一七四
自由民権思想……二三
主体性……一六八・一六九
寿徳寺……九九
巡回演説会……二六

所有権不可侵……一三八・一三九
自力依存……七九
自力性……二三・二四・一二〇
辛酸亦入佳境……一一四
仁政……一三三・一三五
仁政主義……一三〇・一三八
人道会……一四三
人道実践会……一七〇・一八五
新聞縦覧所……二六
請願運動……六一
正義実践……一七五・一七六
政治的主体性……一九二・一九三・一九四
政治倫理思想……一二五
誠信講……一九四
精神的契約之事……四四
生成の倫理……一七〇
関宿石堤……九八・一〇六
惣宗寺……九八
第一次鉱毒調査委員会……八一
第一回帝国議会……二〇一
大覚醒……九五
第二次鉱毒調査委員会……八一
『田中正造翁余録』……一〇四
『田中正造全集』……三・五・一三
田中正造報恩念仏講……一一四・一一七
『田中正造昔話』……二二
田中霊祠……一〇三
他力依存……六三・七九・八五
他力性……二三・二四・一二〇
丹礬毒……三七
知識の軽便者流……九六
地租改正……七八
秩父事件……二三・一七九・一九六
中節社……二五・二七
帳合法……二二
瀦水池……八六
抵抗権思想……五〇
伝統に基づく革新……一一七
天賦人権説……二三・一三五
東征大総督……一七・二四
栃木県会議長……六八
土地収用法……八六・一一三
名主的請負人……二
成田空港反対闘争……一一四
南部領百姓大逃散……一七九・一八〇
日本坑法……四一・一三九
比較主義……一九一
百姓一揆……七五
貧民中心主義……一三一・一四五
福島事件……三〇
不服従の倫理……一三一・一五〇・一七一・一八六
部分重視主義……一八九
部分優先主義……一六二・一六三
古河鉱業……一〇六・二〇七
古河財閥……一〇五・一五三
亡国演説……四九・五〇・五一・一四八
奉告祭……一〇三・一〇四
三鴨村……一〇二
水俣病……一一八
民衆中心主義……一三〇・一三三・一四六
民生安定……一七五・一七六
無政府思想……一五七・一五八
村役人意識……一九〇
明治憲法……六八・一三五・一三八
明治天皇紀……五七
谷中学……八五・八七
谷中村……六六・六九・七二・八二・八五・一五一・一五八
谷中村救済会……一一三
谷中村緊急請願書……一五六
谷中村残留民……八六・八七・九二・九四・九七・一四七・一七七
谷中村一ツとや節……一三六
谷中村復活請願書……一一五・一一七
遊水池……八三・八六・九八・一一九
遊水池計画……八二
楽得主義……一七二
立憲主義……六一・二〇〇
六角家……一一三・一三八
六角家騒動……一六・二四・二八・七八
路傍演説……六〇
渡良瀬川……三五・八二・一二七
割元……一四・一六

田中正造《たなかしょうぞう》■人と思想50　　定価はカバーに表示

1997年5月10日　第1刷発行©
2015年9月10日　新装版第1刷発行©

・著　者 ……………………………… 布川《ふかわ》　清司《きよし》
・発行者 ……………………………… 渡部　哲治
・印刷所 …………………………… 広研印刷株式会社
・発行所 ………………………… 株式会社　清水書院

〒102-0072　東京都千代田区飯田橋3-11-6
Tel・03(5213)7151～7
振替口座・00130-3-5283
http://www.shimizushoin.co.jp

検印省略
落丁本・乱丁本はおとりかえします。

CenturyBooks　　Printed in Japan
ISBN978-4-389-42050-5

【人と思想】既刊本

老子	高橋進
孔子	内野熊一郎他
ソクラテス	中野幸次
釈迦	副島正光
プラトン	中野幸次
アリストテレス	堀田彰
イエス	八木誠一
親鸞	古田武彦
ルター	小牧治・泉谷周三郎
カルヴァン	渡辺信夫
デカルト	伊藤勝彦
パスカル	小松摂郎
ロック	浜林正夫他
ルソー	中里良二
カント	小牧治
ベンサム	山田英世
ヘーゲル	澤田章
J・S・ミル	菊川忠夫
キルケゴール	工藤綏夫
マルクス	小牧治
福沢諭吉	鹿野政直
ニーチェ	工藤綏夫
J・デューイ	山田英世
フロイト	鈴村金彌
内村鑑三	関根正雄
ロマン=ロラン	村上嘉隆・村上益子
孫文	横山英・中山義弘
ガンジー	坂本徳松
レーニン	中野徹三・高岡健次郎
ラッセル	金子光男
シュバイツァー	泉谷周三郎
ネルー	中村平治
毛沢東	宇野重昭
サルトル	村上嘉隆
ハイデッガー	新井恵雄
ヤスパース	宇都宮芳明
孟子	加賀栄治
荘子	鈴木修次
アウグスティヌス	宮谷宣史
トーマス・マン	村田經和
シラー	内藤克彦
道元	山折哲雄
ベーコン	石井栄一
マザーテレサ	和田町子
中江藤樹	渡部武
ブルトマン	笠井恵二
本居宣長	本山幸彦
佐久間象山	奈良本辰也・左方郁子
ホッブズ	田中浩
田中正造	布川清司
幸徳秋水	絲屋寿雄
スタンダール	鈴木昭一郎
和辻哲郎	小牧治
マキアヴェリ	西村貞二
河上肇	山田洸
アルチュセール	今村仁司
杜甫	鈴木修次
スピノザ	工藤喜作
ユング	林道義
フロム	安田一郎
マイネッケ	西村貞二
エラスムス	斎藤美洲
パウロ	八木誠一
ブレヒト	岩淵達治
ダンテ	野上素一
ダーウィン	江上生子
ゲーテ	星野慎一
ヴィクトル=ユゴー	辻昶・丸岡高弘
トインビー	吉沢五郎
フォイエルバッハ	宇都宮芳明

平塚らいてう　小林登美枝
フッサール　加藤精司
ゾラ　尾崎和郎
ボーヴォワール　村上益子
カール=バルト　大島末男
ウィトゲンシュタイン　岡田雅勝
ショーペンハウアー　遠山義孝
マックス=ヴェーバー　住谷一彦他
D・H・ロレンス　倉持三郎
ヒューム　泉谷周三郎
シェイクスピア　福田陸太郎／菊川倫子
ドストエフスキイ　井桁貞義
エピクロスとストア　堀田彰
アダム=スミス　浜林正夫／鈴木亮
ポパー　川村仁也
フンボルト　西村貞二
白楽天　花房英樹
ベンヤミン　村上隆夫
ヘッセ　井手賁夫
フィヒテ　福吉勝男
大杉栄　高野澄
ボンヘッファー　村上伸
ケインズ　浅野栄一
エドガー=A=ポー　佐渡谷重信

ウェスレー　野呂芳男
レヴィ=ストロース　吉田禎吾他
ブルクハルト　西村貞二
ハイゼンベルク　小出昭一郎
ヴァレリー　山田直
プランク　高田誠二
ラヴォアジエ　中川鶴太郎
T・S・エリオット　徳永暢三
シュトルム　宮内芳明
マーティン=L=キング　梶原寿
ペスタロッチ　長尾十三二／福田弘
玄奘　三友量順
ヴェーユ　冨原眞弓
ホルクハイマー　小牧治
サン=テグジュペリ　稲垣直樹
西光万吉　師岡佑行
ヴァイツゼッカー　加藤常昭
メルロ=ポンティ　村上隆夫
オリゲネス　小高毅
トマス=アクィナス　稲垣良典
ファラデーとマクスウェル　後藤憲一
津田梅子　古木宜志子
シュニツラー　岩淵達治

タゴール　丹羽京子
カステリョ　出村彰
ヴェルレーヌ　野内良三
コルベ　川下勝
ドゥルーズ　鈴木亨
「白バラ」　関楠生
リジュのテレーズ　菊地多嘉子
リッター　西村貞二
プルースト　石木隆治
ブロンテ姉妹　青山誠子
ツェラーン　森治
ムッソリーニ　木村裕主
モーパッサン　村松定史
大乗仏教の思想　副島正光
解放の神学　梶原寿
ミルトン　新井明
ティリッヒ　大島末男
神谷美恵子　江尻美穂子
レイチェル=カーソン　太田哲男
オルテガ　渡辺修
アレクサンドル=デュマ　辻昶／稲垣直樹
西行　渡部治
ジョルジュ=サンド　坂本千代
マリア　吉山登

ラス=カサス	染田秀藤
吉田松陰	高橋文博
パステルナーク	前木祥子
パース	岡田雅勝
南極のスコット	中田修
アドルノ	小牧治
良寛	山崎昇
グーテンベルク	戸叶勝也
ハイネ	一條正雄
トマス=ハーディ	倉持三郎
古代イスラエルの預言者たち	木田献一
シオドア=ドライサー	岩元巌
ナイチンゲール	小玉香津子
ザビエル	尾原悟
ラーマクリシュナ	堀内みどり
フーコー	今村仁司・栗原仁
トニ=モリスン	吉田廸子
悲劇と福音	佐藤研
リルケ	星野慎一・小磯仁
トルストイ	八島雅彦
ミリンダ王	森祖道・浪花宣明
フレーベル	小笠原道雄
ヴェーダからウパニシャッドへ	針貝邦生
ベルイマン	小松弘
アルベール=カミュ	井上正
バルザック	高山鉄男
モンテーニュ	大久保康明
ミュッセ	野内良三
ヘルダリーン	小磯仁
チェスタトン	山形和美
キケロー	角田幸彦
紫式部	沢田正子
デリダ	上利博規
ハーバーマス	小牧治・村上隆夫
三木清	永野基綱
グロティウス	柳原正治
シャンカラ	島岩
ハンナ=アーレント	太田哲男
ミダース王	西澤龍生
ビスマルク	加納邦光
オパーリン	江上生子
アッシジのフランチェスコ	川下勝
スタール夫人	佐藤夏生
セネカ	角田幸彦
ペテロ	川島貞雄
ジョン・スタインベック	中山喜代市
漢の武帝	永田英正
アンデルセン	安達忠夫
ライプニッツ	酒井潔
アメリゴ=ヴェスプッチ	篠原愛人
陸奥宗光	安岡昭男